青春期版

父母的认知和觉醒

梅拾璎◎著

江苏凤凰科学技术出版社 · 南京

图书在版编目（CIP）数据

父母的认知和觉醒 / 梅拾璎著 . —南京 : 江苏凤凰科学技术出版社 , 2024.7

ISBN 978-7-5713-4326-2

Ⅰ . ①父… Ⅱ . ①梅… Ⅲ . ①家庭教育 Ⅳ . ① G78

中国国家版本馆 CIP 数据核字 (2024) 第 071266 号

父母的认知和觉醒

著　　者　梅拾璎
责任编辑　倪　敏
责任校对　仲　敏
责任监制　方　晨

出版发行　江苏凤凰科学技术出版社
出版社地址　南京市湖南路1号A楼，邮编：210009
出版社网址　http://www.pspress.cn
印　　刷　佛山市华禹彩印有限公司

开　　本　718 mm × 1000 mm　1/16
印　　张　14
字　　数　160 000
版　　次　2024年7月第1版
印　　次　2024年7月第1次印刷

标准书号　ISBN 978-7-5713-4326-2
定　　价　52.00元

看见一个真实的孩子！

近几年，我每年都可以从公众号的留言和私信中收到上万条信息。这些信息中，一部分是家长分享的育儿经验，一部分是大中学生分享自己的成长经历，大部分则是家长在教育上遇到大大小小的问题或者疑惑，想请我帮忙分析一二的。

在我书面回复之后或者电话沟通的过程中，有一部分家长会感觉如醍醐灌顶，疑虑顿消；有一部分家长会在后来的育儿实践过程中跟我反复互动，进一步反思和调整，对教育这件事彻底觉醒，父母和孩子的生命状态都有翻天覆地的变化，非常令人惊喜。

当然，也有一部分家长当时听着我的话觉得有道理，在付诸行动的过程中仍然遇到种种困难，正所谓道理都知道，做起来太难。

那么，在接触新的认知后，真正觉醒的父母是什么样子的？我举几个例子。

有一位高中学历的爸爸，职业是快递员。可能是因为自己尝尽了工作的辛苦，这位爸爸比其他人更加看重学历对命运的影响，于是非常在意儿子的学习，晚上回家第一件事就是问孩子的作业完成没有，买的练习册做完没有，在学校听课如何。

孩子在四年级之前很听话，懂得体谅爸爸的辛苦，成绩也很好。四年级之后，开始偷偷摸摸玩妈妈的手机，借同学的手机玩，还自己攒钱背着父母从同学那里买了个二手手机。同时对父母尤其是爸爸开始不断撒谎。作业难以完成，成绩下降，全家都担忧孩子考不上高中，矛盾频繁。到初二的时候，孩子基本脱离了大人的管控，只有手机在手的时候，才能看见他眼里的光。

这位爸爸感到非常绝望，一度病了一个多月。一天，他的姐姐给他转发了我公众号里一篇关于如何帮助孩子管理手机的文章。他看完后，当时就有很多感悟，他说这篇文章让他看见了希望，看到文章的这天，他对教育的认知才真正打开，这天成了他、孩子和家庭命运的转折点。从这位爸爸后来分享的信息看，他在协助孩子实现手机自控的路上，并未完全按照我文章中的思路去做，而是根据儿子的情况不断变通，甚至一有空就跟儿子学习玩游戏，向儿子讨教经验，切磋游戏技术。总的做法是贴近孩子的心，尊重人性。后来，孩子在初三时最终实现手机自控，而且父子关系呈现出前所未有的亲密，整个家庭面貌焕然一新，仿佛新生。

这位爸爸给我发的信息非常零碎，但是我可以看见一个父亲的拳拳之心和认知提升后的觉醒状态。

还有这样一位妈妈。她本身是一位心理咨询师，可是她说她不能接纳自己的孩子。从她写给我的信中，我发现孩子基本没有问题，但她说，孩子的自律意识太差，人太犟，人际交往能力也非常差……问题层出不穷。她看了很多育儿书，还买了一些家庭教育课，看书和听课时都懂，一面对孩子的实际问题就茫然、暴躁，专门付出金钱、努力学习后仍然做不好，更让她暴躁。

我看了两遍她写给我的信，直接告诉她：你的孩子很好，没有任何问题，你的爱人也很好，也没有任何问题。唯有你自己需要好好想想，你眼里的那些问题是从哪里产生的？是你心里的执念太重。你学了很多心理学知识，却没有放下那么多执念和恐惧，没能与自己的内心真正和解，看不清孩子和家人的心思，总是主观臆断，你自己才是问题的根源。

她后来告诉我：您的话让我警醒，从来没有人告诉我问题在我自己身上。我以前总是关注术的问题，是您的话点醒我，让我从另一个角度思考，看到了道的层面。这个假期本来我给儿子安排了很多计划，现在我打算改变一下。当我把时间和自由还给孩子时，您猜我儿子是怎么说的？他说："谢谢你，妈妈，你这么懂我！"

这位妈妈告诉我：我以前总是希望能凭一己之力改造他，显然我失败了。现在我知道了，孩子越大，我应该退得越远。让我高兴的是，我有意退远之后，反而能真正地看见他。这种改变一开始对我来说真的很痛苦，但我挨过了最初的几个月，就看见成效了。一旦换一种眼光看孩子，就发现我儿子自己有一套逻辑和理念，他并不平庸啊。我虽然看了那么多育儿书，学了很多心理学知识，其实我的内在一塌糊涂，现在才慢慢地在废墟上重建。您的文章给了我太多太多的启发，我觉得这个暑假是我过得最轻松的一个暑假，因为我完全放下了对孩子的执念。我相信接下来，我会更有信心调整我们的节奏。

她说：养了10年的儿子，到今天我才开始真正地看见他这个人，看见他的喜好，看见他的秉性，尤其看见他内心想要的是什么……真是奇妙！在此之前，我都是一厢情愿地把他当作一个我想象出来的根本就不存在的孩子在对待。

我也非常激动地告诉她：这就是觉醒啊，父母从自身的局限中慢慢转变过来，重新发现生活中真正重要的东西，重新学会爱，爱才开始流动起来。

“觉醒”是我经常在文章中提到的一个重要概念，很多人不理解怎样才是觉醒。我认为，觉醒就是对生命、自我、人性及世界本质的深刻理解和洞察，包括对事物发展规律的理解，重新构建自我底层逻辑，顺应规律并生成智慧。

觉醒之后是什么感觉？父母和孩子之间的一堵墙仿佛打通了，心灵迸发出一片光芒，心中升起了一种对未来的期盼，整个家庭的面貌就像洒了一层初春的阳光。

每个人觉醒的模式和时机都不同，常见的觉醒模式有学习、实践、反馈、思考等，一步步领悟，领悟和提升认知相得益彰。

有位读者说得好：唤醒孩子不如唤醒家长！在学术研究和启蒙家庭教育之间，我个人更倾向于做家庭教育的唤醒工作，或者说，我人生价值最大的方向其实是唤醒。从一个个真实的案例中提炼普遍性规律，帮助更多迷茫中的家长实现真正的觉醒，看见真实的孩子，从而把更多的孩子解放出来，让他们的生命发挥出持久的活力，拥有真正幸福的人生。

只有觉醒之后，父母才能保持觉察和修正，带着谦卑和开放的眼光看待孩子和这个世界，看到孩子的心理活动，感受他不易察觉的情绪，看见他挣扎中的痛苦与努力。

每一个孩子，都渴望被自己所爱的人看见。因为每个孩子的生命动力都是从贴心的被爱中来的，从内心的渴望被满足中来的，从他的努力被父母看见中来的，从稳定而饱满的心灵空间来的，从生活中那些快意的事和充满希望的瞬间来的。

看见了，一切从此不同！

目　录 Contents

第二章 学习内驱力的底层逻辑

第三章 适合自己的学习方法最有效

第一章

父母的
认知和觉醒

认识自己和孩子，是一种很高的生命智慧

读者来信

梅老师您好，我偶尔读到著名教育学者聂圣哲先生讲的一个小故事，感觉很困惑，发给您看看。他说：

我先谈谈某女生读清华的悲剧。因为涉及隐私，就称呼她小L吧。

某年，教育部出台一项政策，要提高北京市重点高中老师的学历含金量。于是从各个中学采取免试推荐方法，招学生到清华、北大读书，规定这些学生毕业后都回到北京市的重点中学教书。小L父亲的路子很广，因此，小L作为特招生顺利地被招到清华大学数学系。入学以后，小L理所当然地永远是全年级的倒数第一名。因为是特招生，小L也顺利毕业了。小L毕业后到北京某重点中学教数学，显然不能胜任。父亲有门路，就把小L调到某个与数学沾边的研究所，小L当然还是不能胜任。在工作中，小L听到最多的一句话就是：“你真的是清华毕业的？”后来，小L被调到资料室工作。在资料室工作时，小L还是差错多多，最后几乎成了一个多余的人。

小L的同班同学是我的好朋友。这位朋友告诉我，其实小L不仅数学很差，就连一篇像样的记叙文都写不好，表达能力也差，但人很善良，也勤劳。

因为屡受挫折，小L变得压抑，后来得了抑郁症。一个女人活

在一个无法得到任何尊重的世界里，终究会出事。听说小 L 至今也没成家，已经 40 多岁了。在她没得抑郁症之前，常说的一句话就是：最恨父亲和清华……

故事到这里就结束了。我疑惑的是，不是说孩子的成长要靠父母的托举吗？怎么这个家庭的父亲一点也不了解自己的孩子呢？造成小 L 这样的人生悲剧，太可怜了。

梅老师回复

这位读者，你好！看完这个故事，我立刻想到身边的一个人——钱爸爸的大学同学 M。

M 跟钱爸爸一样，是高考正常考上清华大学的。学校按照程序分班、分宿舍，M 和其他 5 位同学分在同一个宿舍。在这 6 个人的宿舍里，大家都正常学习，正常锻炼。没想到的是，清华大学跟别的大学有个很不一样的地方，就是这里比其他任何一所大学都学业繁重、竞争激烈。

M 在读到大二时突然离校出走，学校和家长寻找很久才把他找回来。然而回来后，他再也不回清华了，最后以专科毕业，家人帮他在法院找了个工作，然后娶妻生子，安顿下来。

我问钱爸爸，当初 M 到底有什么表现呢？他说一开始还正常，经历几次考试后，他慢慢地不跟大家说话了，后来变得很暴躁，骂人，发脾气，整夜失眠。大家学业任务都很重，加上男生大都粗线条，以为他没多大事，一段时间后会调整过来，都没怎么往心里去，没想到他最终会离校出走。

哈佛大学健康服务中心在 2017 年和 2018 年进行的一项心理健康调查结果显示：哈佛大学学生抑郁患病率高达 15%～30%，焦虑患病率为

13.2%～30%，都高于疾控中心公布的美国平均水平。

这些人的统一表现：落差感太大，找不到活着的价值，情绪长期压抑，对未来充满恐惧。

人为什么会产生焦虑

首先是家长自身对社会发展的不确定性充满焦虑，没有形成核心价值观，随波逐流。其次是家长看不到一个真实的孩子，不了解孩子是怎样的人，面对孩子未来前途的不确定性，担心孩子被社会抛弃。再次便是孩子本身不能认识自己！

所谓不能认识自己，就是对自己的学习水平、学习能力、社会适应力、智力水平等没有正确的认识，缺乏正确的判断；同时对当下自己所在的群体和社会没有正确的认识和判断。

因为缺乏正确的认识，身不由己地卷入大众的认知之中，被裹挟，被浪潮淹没。M 就是对自己和周围环境缺乏正确的认知和判断，被淹没在浪潮中了。

我女儿钱小雅考入北大后，除了中文系的本专业，她还选了历史系的专业，攻读双学位。一年过后，成绩并没有如她想象的优异。一开始，她以为像高中那样正常地学习和生活就可以名列前茅，但种种努力之后，成绩依然在中等偏上的位置，她也有了一些焦虑。我和钱爸爸以我们的人生经验帮她分析现实和未来的情况，以及对社会发展趋势的看法，再加上她自己的各种反思和感悟，她心里对自己的位置和周围的学业环境渐渐明朗，对面临的选择做了正确的取舍，继而踏实而乐观地向前推进自己的学业。

有些孩子天生不擅长知识学习

有一天我跟我父亲通电话，他说看见我小时候的小伙伴了，还和她聊了一会儿，觉得这位大我三天的姐姐虽然生活在农村，但看她气色，听她说话，知道她日子过得舒心而富足，我听着也特别开心。这位姐姐小时候就住在我家前面一排房子里，从一年级开始我们就一块上学。但她在学习上确实很迟钝，一上学就头疼，就生病，到了三年级，她死活不去上了。家里一开始还强迫她去学校，后来看她抵死不去，父母就随她了。这种情况我小时候并不懂，后来明白了，有的人可能是因为智商或基因，确实不擅长知识的学习，上学得病可能是一种自我拯救的反应。这位姐姐虽然不擅长学习知识，但她能在那个年龄恰当地评估自己，认识自己，后来选择适合自己身心的劳动，这并不简单。

认识自己，摆正位置

有一位妈妈跟我说，孩子按照考分可以上他们所在中学的实验班，但孩子认真地告诉家长，自己不喜欢重点班那种竞争激烈的氛围，普通班更适合自己，坚持留在普通班学习。结果，孩子在普通班学得得心应手，升学时取得很好的成绩。

我认为，这就是**对自己有清晰认识、很有智慧的孩子，他对自身及对小社会的感受力都非常强。**

上文中，小 L 如果对自己的能力有清晰的认知，明白清华是个什么样的学校，她可能会拒绝爸爸的好意，到适合自己的地方去，过属于自己的人生，一样可能幸福。M 呢，本来也是个学业极为优秀的人，只是他没有认识到，自己如一条小池子里的大鱼，被放到河海的大鱼之中，调整好心态是最重要的，认识到自己的平凡，摆正自己的位置，摸索出自己的方向，照样可以跟其他大鱼一样，寻觅到属于自己的水域。

当然，**认识需要一个过程，阅历、感受、思考、阅读等，这些都是获得正确认知的必要步骤。**生命是短暂的，越早认识自己越好，这也是获得幸福、增长智慧的重要途径。

为什么睡眠第一，学习第二

读者来信

梅老师您好！我的孩子目前上初三，因为作业多，学习紧张，每天都睡得很晚，第二天早晨上学又舍不得及时喊他起床，很让人煎熬。跟其他家长沟通后，才发现不只是我家孩子，他们班上大多数孩子经常晚上十一二点甚至凌晨一两点才睡觉。有的孩子是因为作业太多，学习节奏紧张；有的孩子是因为玩手机游戏……家长普遍焦虑这件事：既想孩子成绩好，又想孩子睡眠足，该怎么办呢？

梅老师回复

这位家长你好，作为妈妈，你说孩子不爱学习我并不担心，孩子每天睡得晚才是真正让人揪心的。因为睡眠是人身心健康的首要条件。

睡眠第一，学习第二！这是我从高中开始就确立并亲身实践的最为受益的人生法则。我觉得，凡是能够为孩子深谋远虑的父母，都会赞同我这个看法——留得青山在，不怕没柴烧。

不过，有的家长是真的没有认识到睡眠对一个人的重要性。

睡眠为什么如此重要

《2019 中国青少年儿童睡眠白皮书》报告发现，睡眠时间不足对孩子的认知能力、成绩、性格、身体健康和心理健康等方面都有显著影响。睡眠不好的孩子容易出现情绪低落、脾气暴躁、注意力不集中、记忆力变差、考前过度焦虑等问题。

畅销书《我们为什么要睡觉》的作者马修·沃克，是美国加州大学伯克利分校神经科学和心理学教授。在他看来，睡眠才是每个人所拥有的“超能力”，正是它赋予我们大脑意想不到的学习和记忆效果。

马修·沃克在过去十年的研究中发现，我们在学习之前需要良好的睡眠，来让自己的头脑做好准备，开始吸收新的知识。同样，在完成学习后，睡觉也能帮助我们按下新记忆的保存按钮。如果一个人缺少睡眠，他的大脑记忆回路会退化，就好像被堵住了，导致大脑无法吸收新的记忆。

熬夜到底对人有什么影响

在一项“熬夜到底对人有什么影响”的测试研究中，马修·沃克将测试人群分为两组，分别是睡眠充足组（可以睡够 8 小时，有人不需要 8 小时）和睡眠不足组（测试过程中不断被叫醒）。研究结果显示：睡眠充足的大脑在储存新记忆的能力上，比睡眠不足的高出 40%！这也意味着，一个睡眠不足的大脑会产生严重的学习障碍。对此，我们自己应该也深有体会。

那么，为什么大脑会发生这样的变化？

这是因为大脑的左右侧，各有一块叫作海马体的区域。它们就像是大脑的“信息收件箱”，很擅长接收新的“记忆文件”，并进行保存。在那些睡了一整晚好觉的大脑海马体中，科学家监测到很多与学习相关的大脑活动；相反，在那些睡眠不足的大脑海马体中，基本找不到明显的学习信号。

在深度睡眠阶段，大脑内部会产生强烈的脑电波。正是这些脑电波在夜间起到了文件传输的作用，将我们的记忆从一个短期的容易遗忘的存储库，转移到大脑中一个更久的长期存储库。这一点已经成了脑科学家的共识。

睡眠是恢复和提升免疫力的重要工具

都说睡眠是恢复和提升免疫力的重要工具，我想这是事实。

我的两个孩子钱小雅和钱小能小时候患感冒，只要不是发高烧，我不会带他们去医院。我就请假在家，全心全意地照顾他们，观察他们的情绪，想办法让他们吃舒服。孩子睡足了，吃好了，高兴了，自己就能病愈，而且自身免疫力一次比一次强。

然而，让孩子少熬夜、多睡觉是个大难题。我在这方面引导孩子的一大法宝是：尽可能少啰唆这件事，让他们自己去体会。

钱小能初三那年暑假期间睡得晚，总是晚上十一二点才睡。我想了一个办法，跟他商量："儿子，你之所以晚上不困，是因为午睡时间太长了。你看这样试试行不行，你午睡时给自己定个闹铃，或者睡半小时之后我喊你。"

他这样试了一次，结果当天晚上 10 点多就犯困睡着了，第二天早上 8 点之前就醒了，而且精神焕发。他马上告诉我，还是睡得早好啊！上午他又体会到，当精力充沛的时候，感觉刷手机就是在浪费生命，大脑有足够的能量让自己很自然地放下手机，并且很快地投入到学习中，大脑和身体的主动权回到了自己手中，让人感到轻松快乐。

然后，我就趁机强化他这种愉悦高效率的感受，这就是连续的正向反馈。

午睡有助于提升下午、晚上的学习效率

再说说午睡。根据我这些年的观察和体会，无论是学生还是成人，午饭后有十分钟的小憩，或者只睡着五分钟，即使睡不着，只是迷迷糊糊打个盹儿，就可以使下午和晚上的学习效率比不午睡时高出许多。

钱小雅上幼儿园时养成了午睡的习惯，上小学、初中时学校不太注重午睡，因此她在学校里几乎没有午睡过。高中时她开始住校，这为她午睡提供

了良好条件。她告诉我，高一一开始有些不习惯午睡，但老师建议他们午睡。结果呢，午睡过后她尝到了甜头，没有午睡的同学下午上课会打盹，而她可以精神振奋地听课，且这种状态可以持续到晚上 10 点左右。于是，钱小雅顺理成章地将午睡进行到底，一直到高考。

那时候，她周末回家告诉我："妈妈，我们班现在就我一个人回宿舍午睡。"我听了特别欣慰，比听说她考了年级第一名还开心。

迅速进入睡眠的方法

我曾经把从网上看到的和自己切身体会到的迅速进入睡眠的方法分享给了两个孩子。比如，在睡前一小时，把手机、手表、闹钟等所有能显示时间的设备放到客厅，保证自己在卧室里看不到时间。

当我们看不到时间，困意的感知就开始变得更加灵敏：

比如，睡前选一本能够长知识而又比较枯燥的书看，这样的书费脑子，消耗能量，困意能很快袭来。

如果你看书很久也不困，也不需要着急，你就一直看下去，看到困为止。因为硬睡是很难睡着的，只会徒增焦虑，还不如顺其自然，等到看困了再睡。

当然，除了睡眠，运动对孩子的健康和成长也非常重要，而且足够的运动非常有助于睡眠，它的作用相当于白天干了体力活，晚上倒头便睡着了。不过，当我们睡眠不足的时候，运动对身体反而是一种伤害。

至于运动的意义，我在《唤醒孩子的内驱力》中用了一章的篇幅讲运动之美、运动改变大脑，在大自然中运动对人身心的滋养等。这么多年来，我认为没有什么烦恼和郁闷是运动治愈不了的。在洒满阳光的树荫下，清风穿过舒展的身体，把能量输送给心扉，我们又把这份感恩和畅快回流向天地四方，美美与共。

之所以说睡眠第一，学习第二，是因为无论哪种形式的学习，都是在人能量充足、情绪平和的状态下进行的。孩子在学校课堂上的听课与思考，在家里父母对他的教导和启发，都只有在他精神状态良好的情况下才能发生良好的作用，事半功倍。

经过我一年的努力，曾经不想上学的女儿变了

读者来信

梅老师，你好。我是一个女孩的父亲。近一段时间在教育孩子上我遇到了困惑，实在不知道下一步该怎么办了。我女儿上小学时很乖，成绩也很好，尽管那时候我们对她的学习要求高，但从没有为她的成绩担忧过。上初一后，她适应很快，成绩也还可以。自从初二加了两门课，可能是上课听不太懂，也不愿意向老师请教，期中考试成绩差得出乎意料。我和她妈妈一再问她是否需要我们给她报个班，或者请个老师。她都一直摇头，表情很不耐烦。后来她不想上学，动不动就让我们向老师请假。我们不知道孩子怎么突然变成这样了，也不知道下一步该怎么做，真是太煎熬了。希望梅老师给我们分析一下。

梅老师回复

这位父亲你好。正好，我公众号读者里有一位英文名叫 Celia 的妈妈，她是一位非常优秀的家长。她女儿和你女儿的经历有些相似，她每次留言都不是泛泛而谈，而是用简洁朴素的文字把自己真实的育儿体会描述出来，给人以启发。

那天我看完她最新的留言，心想：如果能让她把她女儿这一年发生巨大变化的经历写一写，一定会对读者有意义，于是我盛情邀请她写了下面这些话，你可以看看。

我是一个80后二孩妈妈，大女儿今年14岁，上初二。我一直想要做一个好妈妈，从怀上大女儿开始，教育类的书籍就没少读，如《好妈妈胜过好老师》《爱和自由》《陪孩子走过小学六年》等，还参加了一些相关的培训课程。

大女儿从幼儿园到小学看起来很不错：3岁时参加幼儿园朗诵比赛，拿到一等奖；上小学前已经识字四五千（没有刻意教她认字，只是从小给她读故事）；一到三年级，在学习上从未让我操过心，语文、数学、英语考试时常满分；即使到了小学高年级，成绩在班上也是前五。她常常代表班级参加各类比赛，奖项永远保持前三，算是班级的风云人物。

我一直认为自己是个开明、温和、懂教育的妈妈，后来才知道女儿认为我严格，并不温柔，她小时候遇到喜欢的东西也不敢要求我买。

为什么会产生如此大的认知差异呢？现在回想起来，我只看到了书中方法的有效性，没有理解方法背后的底层逻辑。在教育实践中，我忽略了个体生命的差异性，生搬硬套，让孩子接收到的不是爱，而是各种否定。这样教育出来的孩子乖巧、懂事，但内心却委曲求全。

女儿情绪的爆发是从小升初开始的，她参加一所外国语学校自主招生落选了。这次失败对她打击很大，她伤心了一个星期。我当时认为是她太好强了，同时也为她的这种好强有些沾沾自喜。毕竟，我们容易把好强与人的内驱力画上等号，却忽略了好强实质上是自我价值未得到肯定的一种表现。那段时间，我充分发挥自己优秀的表达能力，旁征博引地鼓励她，却发现不见成效，孩子甚至提出不想上学，原因是无法面对自己的同学。最后我听从了心理学朋友的建议，跟孩子去公园走了走。我按照朋友说的，认真倾听，不作评判，偶尔附和点头。神奇的是，这次没有给任何意见的聊天舒缓了孩子的情绪。

事后，我也曾进行复盘，但仍然很迷茫，不知道哪里出了问题。

现在再回顾就清晰了许多：家庭教育与日常工作并不相同。在日常工作上，单个事件完成就算结束，而家庭教育却是一个长期积累的工程。孩子不想上学只是引爆点，源头则是长期严格的批判式教育，让孩子失去了接纳自己的力量。同时，**孩子在面对挫败时，成年人许多看似善意的鼓励是一厢情愿，忽略了孩子的情绪，没有看见孩子的真实状态。如果我们允许孩子拥抱失落，给予孩子安静的调整空间，反而是对孩子最大的接纳与支持。**当然，那时我对家庭教育的底层逻辑没有深刻认知，最后归根于孩子长大了，心思不好琢磨了。

孩子的初中学校与衡水教育模式相近，老师很负责，盯得紧，学习竞争氛围浓厚，作业多且强度大。孩子跟我说过好几次：“自从上了初中，我再也没有发自内心地笑过。”

内卷时代，起初我和孩子爸爸也认为这种高强度的刷题学习形式是有效的，鼓励她挺一挺就过去了。我们知道她辛苦，只能尽可能地陪伴她、鼓励她（那个时候我们并不知道鼓励是一门艺术，不当的鼓励很容易让孩子理解为父母对自己的不接纳，毕竟孩子所能触及的世界和认知与成人是不一样的），每次考前复习都是一同晚睡，一同早起。在这样的努力下，孩子初一的成绩从入学时的班级前二十几名冲进了班级前十名。

初一期末考试结束后，我们带她去桂林玩。她显得很安静，一再表示很享受慢生活，跟小时候的活泼完全不一样。我想，她是真的太累了。但我也不知道如何让她放松，只能想办法让她开心。

进入初二，学习科目增加，学习节奏变得更快。开学不久，孩子每天做作业基本要做到凌晨一点，她的情绪变得狂躁，经常流泪、做噩梦，开始质疑学习和活着的意义，不想上学。我和爸爸被她突然的变化吓到了，但仍然粗浅地解读成孩子不能吃苦，抗压能力弱，内驱力不够。于是我找了许多与心理学、教育学相关的书籍学习，其中就有《唤醒孩子的内驱力》这本书。

第一遍阅读的时候，我还是功利地盯着“内驱力”三个字，企图找到让孩子主动努力的方法。从书中，我第一次知道内驱力的培养是一个很缓慢的过程，这个认知让我的内心得到一些舒缓：**明白内驱力的培养没那么快，就接受了慢的过程。**随即我又有一些悔恨：我如果早点读到这本书，也许我的孩子今天就完全不一样了吧。于是我又赶紧读了第二遍、第三遍……希望自己尽快吃透其中的方法，朝着正确教育的方向努力，不能再偏航了。

读完三遍后，我却发现：“无为方是大为。”结合自己的情况，我是这样理解的：当父母过度入侵孩子的学习领地时，虽然获得了短暂的胜利，但也重重挫伤了孩子的自信，让孩子觉得自己无能。

父母为孩子提升学习成绩所做的一切付出，并不能让孩子感受到爱，反而可能被解读成这样一种暗语：“父母为了你都这么努力了，你还学不好，对得起父母吗？”过重的压力、自责、愧疚压垮了孩子，厌学、摆烂是孩子的一种自救机制。

我意识到自己一直停留在对孩子行为表面的理性分析上，而忽略了对孩子心境的理解和体察，让孩子一个人在悬崖边上独舞。可以说，《唤醒孩子的内驱力》是我家庭教育理念的启蒙书。幡然醒悟的那一刻，我终于觉得自己摸到了家庭教育的大门。后来我常问自己：**你说爱孩子，那孩子接收到你的爱了吗？**

当我们开始考虑爱是否被正确传递的时候，教育的目的也随之进行了调整。我们评估了孩子的状况，觉得目前考虑内驱力还为时尚早，最紧急的是帮助孩子重拾信心。于是，我们从她的学习领地撤离出来，学习如何发现孩子的优点，学习正确的沟通方式。不得不承认，要做到这些并不容易，因为我们已经习惯性包办，也形成了批判思维。最初孩子经常质疑我们，例如面对表扬时她总说：“你说出来我都不相信。”当我们鼓励她自己做决定时，她的第一反应也是担心我们对她失望，想要放弃她。

我曾经向专业的老师请教：孩子为什么会将我们的夸奖推开？原来这可以称为“重逢的哀伤”，即孩子对父母所说的话总是深信不疑，包括对孩子本身的评价。**当父母的否定已经内化于孩子之心时，即使有一天父母想认可他，他也会通过否定家长来证明自己原来的认知是对的。**在此过程中，家长一定要将此视为自我修炼和弥补错误的好时机，保持足够的耐心和谦卑之心，持之以恒地真诚夸赞孩子的每一个闪光点，才能重新建立与孩子之间的信任，帮助孩子恢复自信。

在家庭教育实践中，我们即使明白了这些道理，也仍然会在平静和焦虑之间反复徘徊，毕竟中考的低录取率、周围的竞争氛围、老师的担忧、孩子反复变化的情绪等，都会扰乱我们的心绪。

幸运的是，只要想改变，学习的机会有很多。我们参加教育类相关的课程学习，也每天打开梅老师的公众号阅读文章，非常真诚地说：梅老师的公众号时常治愈我，因为平凡的事例最能照进现实！

通过一年的努力，我的孩子变了：高强度的作业，她已经能利用碎片化的时间完成；老师的严格要求，她能尝试去理解和接受；她开始观察学霸是如何学习的，并鼓气勇气向他们提问、请教。今年四月的期中考试，她没有出现心跳加快、双手发抖等情况。当然，因为之前学习情绪不稳定造成了基础的薄弱，这次成绩并不理想。面对此结果，她有着些许的担忧和懊恼——因为付出了短期的努力，却未达到自己预想的效果。孩子不具有人生时间长线的体验，因此更注重当下成功与否的感受。我们同理了她的沮丧，肯定了她上进的品质，与她共同总结了这次考试中的进步（包括心态上的变化与做题技巧上的调整），鼓励她通过对自我进步的审视，帮助自己建立信心，寻找更大的进步机会点。

最终，孩子没有在成绩的退步中放弃自我，她主动找老师帮忙分析原因，还向我们提出：给予她更多学习方法上的帮助。

一个徘徊在情绪崩溃边缘的孩子，在爱的滋润和平等的接纳中，慢慢恢复了积极向上的动力。我知道这仅仅是开始，前方还有更多的挑战在等待着我们，激发孩子的内驱力本就是一项润物细无声的缓慢工程。不过，我认为我以后可以保持觉醒的状态：**教育并不是逆天改命，而是帮助孩子在其能力范围内最大地发挥潜能。**无论如何，先从学会正确地传递爱开始吧！

这位妈妈一再强调，说她实际上并没有培养出在成绩上出类拔萃的孩子。我想说，**当一位妈妈真正觉醒，看见一个真实的孩子，把爱和贴心的关怀传递给孩子，孩子一定可以展现新的精神面貌，恢复内心力量。**此时，优异的成绩对妈妈来说已不再重要，她会明白：一个身心健康、三观正确、内驱力强大的孩子，才能走得更远！而她的孩子，此时正走在这样的路上。

一向成绩很好的女孩，为什么到高一成绩快速下滑而且抑郁了

读者来信

梅老师，您好！我是高中老师，爱人是大学老师。我们结婚晚，属于中年得女。孩子爸爸行事作风严谨认真，对家庭规矩一板一眼地执行。比如，定好了几点起床，晚一分钟都不行。而从小性格外向、略显强势的我更喜欢这样教育孩子：要么不做，要做就做到最好。

大概是受遗传和家庭氛围的影响，我女儿从小也养成了抱怨少、能吃苦的习惯。

得益于学习习惯好、基础牢，从小学到初中，女儿的成绩一直名列前茅（初中经常是年级前 10 名，最差也是前 30 名）。家里对于孩子的课外班选择很民主，但对于电子产品的使用和青春期早恋，这两点是不容商量的禁区。

进入初三后，女儿开始长期被动熬夜。学校作业很多，作为一名课堂笔记可以当作别人学习模板的孩子，女儿写作业非常认真，因此经常做到凌晨一两点，有时还要在第二天早上六点前起床再赶 1 小时作业才去上学。

当时我们并不知道这种被老师和家长赞赏的学习拼劲会对她此后的人生有何影响，只是一边心疼，一边庆幸有一个如此上进好学的孩子，真是我们的福气。

每天晚上，我们虽然帮不了女儿写作业，但会在书房和女儿一起熬夜，并充当整点报时器，提醒女儿12点已过，这大概是我们心灵最能贴近的时刻了。

女儿进入高中后开始住校，我们给她准备了所需的一切条件，宿舍的其他3位女生都非常优秀，我们也很放心。

高一的住校生活新鲜有趣又紧张，但女儿明显开始叛逆，每周末回家都毫无理由地与我们针锋相对，有时一声招呼不打就去烫头发了。爱美没关系，但她却变得越来越喜欢顶嘴，有时言语极尽刻薄，我和她爸经常被气到咆哮如雷。本以为控制经济可以左右孩子，殊不知金钱也拉不拢她和我们的亲密关系了。

大人的工作越来越忙，孩子周末几乎是窝在房间不动，一家人聊天谈心的时间越来越少。

高一第一次期中考试成绩公布，女儿不仅九科总分排名在班级倒数，而且有一门副科不及格。联想到女儿进入高中后的叛逆表现，周末回家又喜欢反锁房门，我猜想她是受了电子产品的影响，于是当天没收了她的手机，并约法三章，平时不许带手机去学校，周末不许出门逛街，直到期末成绩有进步再说。没想到，这段时间很喜欢顶嘴的女儿满脸眼泪，一声不吭，反锁房门，怎么喊都不应声。

此后女儿频繁地缺课请假，引起了学校校医的注意，医生建议带她去专业机构做心理排查，我们才知道她得了抑郁症。

如今一切停摆了，看着阳光下面色苍白、因抑郁而暂时休学的女儿，我经常神思恍惚，真想时光回到以前，女儿还是当年那个背着书包、扎着小羊角辫无忧无虑上幼儿园的小丫头。

我们曾经和大多数人一样望女成凤，被潮流所裹挟，在剧场效应中，虽然知道站着看电影很累，却不敢轻易坐下，如今却不得不坐下了。

梅老师，直到现在我也没有弄明白：孩子到底是在哪个节点出了问题？

梅老师回复

这位妈妈，你问我孩子在哪个节点出了问题，在我看来，问题太多了：爸爸刻板的做事和说话方式，你本人的做事方式，唯成绩论，孩子自我意识的觉醒，孩子自身的性情……我重点谈谈几点看法。

第一，孩子初中透支过大，到了高中可能力不从心了。有不少孩子到高中以后学习成绩突然下滑，跟初中相比差距甚远。结合我自己当年上学时的感受，也借此案例谈一谈。

我通过这些年的观察发现，学生高中成绩下滑有一个重要的原因：学习能力暂时匹配不上学科的难度。换句话说，孩子的智力水平暂时跟不上高中的知识水平。比如，我本人以及很多跟我相似的人，初中物理学得非常好，接近满分，到了高一学力学，一下子就理解不了，跟不上了。根据脑科学和人类先天优势的研究，其实这就是抽象思维暂时落后的原因。

遇到这样的问题，自我意识发展良好、成长较为顺利的孩子往往更有勇气面对困难，他不急着迈过这道坎，不过分暴躁，但会想方设法慢慢去克服，去寻求师长、同学的帮助，一条路不行再找另一条路，校内老师不行就换校外老师，最终顺利度过这个学业门槛（我那时就是如此）。但成长过程有问题的孩子就难说了。

这是一方面，现在我们再看另一方面。

你的孩子初三时做作业到凌晨一两点是常态，有时为了完成作业，第二天还要早起赶写 1 小时。很明显，这是一个学业上非常要强的孩子，性格可能遗传了父母，或者受父母的影响。

不过，我看到这里，感觉心头发紧，也极为震惊！这是一个初中孩子的正常生活吗？别说是未成年人，就是成年人，长期这样工作也会受不了！然而，你说你们夫妻会在书房陪着，提醒孩子已过 12 点，这是你们一家三口心贴得最近的时候。

我认为最可怕的就是这个“近”！对于一个少女来说，还有比过度熬夜对她身心伤害更大的吗？作为父母，正确的做法是往后拽，想方设法去开导孩子，即我不管你成绩排第几，你先给我把觉睡好，身心健康了，然后才是成绩，不能用身心健康去换成绩。

有人会问：初中身心透支的孩子，上高中后一定成绩不好吗？

当然不是绝对的，但大部分人到高中时，潜力所剩无几了。有些聪明的孩子初中不用那样刻苦，成绩也可以很好，同时他们有能力平衡身心健康和成绩，不会形成透支。但有些所谓的“乖孩子”，会因为性格好强或为了取悦父母而透支自己，以致上高中后出现缺乏后劲的状况。

第二，孩子初中的刻苦学习不是基于真正的自主性和内在动力，而是基于性格的要强和外在压力——我只有成绩好，才能存在感十足；只有废寝忘食，父母才满意，那只有豁出去学了。孩子的学习，只有来自内心深处的主动、自由和自觉，来自一种追求卓越的本能，才可以逢山开路，遇水搭桥，而这个女孩不是。

到了高中，她认为自己有力量反抗了，能反抗的她都要反抗，对“超我”（超我是自我发展的高级阶段，是从压抑本能要求进化而来的。超我在弗洛伊德人格结构理论中是指道德良心和自我理想部分）的反抗和对父母强势的反抗。

此外，我见过太多小学比较乖的孩子，一个普遍的规律是，小时候爸妈花了很多时间、精力、金钱，看起来很用心地栽培孩子，孩子成绩也不错。但到了初中、高中，孩子开始叛逆反抗了，他们就是潜意识里要把那些小时候耽误玩的时间都补回来，找回被过度淹没的自我。

这两种状态与家长的期望值都相差甚远。为什么呢？父母专注于孩子的成绩，而很少贴近孩子的心，不了解孩子的感受。

第三，孩子高中时为什么对父母极尽刻薄？是因为她之前过得太压抑，现在自我觉醒，开始反抗了。

孩子是这样想的：我以前顺应你们太多了，我自己过得太差了，自我压抑太重（超我太强），我要把失去的自我全都找回来，就是想跟你们对着干；既然成绩在父母眼里是最重要的，那好，成绩差了正好可以打击你们，我不在乎。

你看，妈妈知道女儿的成绩和排名之后，马上干脆利索地没收手机。孩子为什么没有反抗呢？因为她早料到了这一天，她想的是反正父母最在乎成绩，手机没收就没收吧。可惜，一心盯着孩子成绩的你，对孩子的精神世界关心太少，对孩子的内心变化没有丝毫觉察。孩子成绩下滑了，家长不是抚慰孩子，帮孩子一起找原因，而是简单粗暴地没收手机，把孩子心里的最后一扇窗也堵上了。

孩子一出状况，很多父母推诿自己的问题，说剧场效应让人喘不过气，身不由己地被卷！这些虽然是客观存在的事实，但不能成为孩子出事的借口。

父母比孩子年长那么多岁，父母的职责是什么？是在孩子未成年之前，为他遮风挡雨啊！父母应该比孩子站得高一点儿，看得远一点儿，保护他，担待他，支持他，引导他。**如果孩子出于自尊、好胜心而过于在乎成绩，煎熬自己的身心，父母应该开导他，把他从那条错误的路上拽回来，给他看天空的辽阔和大地的壮美，给他展示生活的美好和丰富多彩。**父母要告诉孩子，除了成绩，还有那么多值得爱的人和事物！

孩子初二休学了，怎么办

读者来信

我儿子14周岁，读初二，因成绩不好，休学了。

3岁以前，爷爷奶奶和我都挺溺爱孩子，几乎什么都帮他做，导致他自理能力很差，生活习惯也没养好。

一进幼儿园他就表现得与众不同，不遵守老师指令，不和小朋友同步活动。第一学期的张老师很宽容，很喜欢他，因此他还不反感幼儿园。第一学期结束，换了新老师，对他很严厉，他后来再也没喜欢过幼儿园。

一年级时，他依然表现得与众不同，上课不能专心听讲。幸运的是，他的班主任兼语文老师赵老师非常好，能理解和宽容他，因此他在学校还是比较开心的。那时我生了老二，生活的重心和精力都给了弟弟，开始顾不上他，也许从那时候起，他有了不安全感。可我当时完全没意识到这个问题，完全忽略了他的心理感受。

二年级时，喜欢他的赵老师调到别的学校去工作了，新老师对他态度完全相反，他不再得到鼓励和引导，而是惩罚和批评。他从这时候开始厌学，而我没有为他提供任何帮助，只会叫他听老师的话。老师给我列了很多他在学校的异常表现，建议我们带他去儿童医院看看，后来诊断是多动症和注意力障碍。医生建议服药，我们担心吃药会伤害孩子身体，没给他服药，也没有进行任何训练，错过了纠正的最佳时机。

三年级时，作业开始多起来，他上课不听，反应又慢，课堂作业经常完不成而被老师留堂。我每次去接他放学都要等好久，心理逐渐崩溃，对他不耐烦起来，抱怨、唠叨、责骂，甚至后来狠狠地打了他。这个时候他在学校和家里都失去了安全感，曾经因考试不好害怕我发火而躲到同学家里。可我仍然没意识到自身的问题，总觉得都是他不努力、不专心听课导致的。

四年级结束时，我意识到自己的焦虑和悲观情绪，对他不再轻易暴怒，但表现出来的却是对他的冷漠、不关心——你爱怎么样就怎么样，懒得管你。他心里肯定也不好受。

他就这样跌跌撞撞、磕磕碰碰地上完了小学，小升初考试成绩还不错，语文 91 分，数学 98 分，英语 98 分。

上了初中，孩子们不再像小学时那么单纯，他不会与人交流，更受挫折。同学们不愿和他说话，嫌弃他幼稚。初一下学期成绩下降厉害。他对家里有弟弟非常不满，班会课谈到二孩主题时，他破天荒举手，说只想一家三口，不想要弟弟，说着说着还哭了。

初二时功课增多，难度加大，除了英语，其他功课都跟不上。他精神压力实在太大，在学校经常有异常行为，如被老师点名批评就用手捶头，躺在地上大喊大叫，说都是我的错之类的话。

这样有注意力缺陷的孩子也想成绩优秀，可能他也力不从心，可我也没发现他在其他方面有兴趣或擅长的地方。他遇到困难就退缩，如果我要他坚持，他的情绪就会爆发，最后总是弄得不欢而散。

我看他坚持不下去，就给他办了休学。他现在在家做我买的数学和英语练习册，语文他不乐意做。然后，他每周末去课外班上一点数学和物理。此外，我也给他安排了一些力所能及的家务。

梅老师回复

这位妈妈，你发给我的信息断断续续共有4000多字，我从头到尾读了好几遍，也一直在思考，有以下几点特别想跟你说。

第一，我理解你当时的做法。如你所言："三年级时，作业开始多起来，他上课不听，反应又慢，课堂作业经常完不成而被老师留堂。我每次去接他放学都要等好久，心理逐渐崩溃，对他不耐烦起来，抱怨、唠叨、责骂，甚至后来狠狠地打了他。"一个妈妈，工作忙累，老二又小，力不从心，如果换作是我，我可能做得还不如你！人在崩溃无助时发泄情绪是机能健康的表现，因此不必再陷入悔恨之中，这样对你和孩子都无益。

第二，你需要正确看待孩子休学这件事。从人类进化史来看，目前学校这种教师传授知识、学生练习的学习模式，事实上只适宜部分孩子。美国一项发展心理学研究报告指出，注意力障碍不是一种病，只是在学校追求高升学率的前提下，一部分孩子不适应学校学习罢了。有的孩子在知识学习方面注意力不集中，在做手工方面就可以高度集中。每个人的专注力适应场合不同，根据人类学的研究，这样其实更有利于人类的进化，更有利于人类创造力的产生。

我曾看到一份公开的报告，其中有几个数据让人触目惊心：上海地区有24.39%的中小学生曾有一闪而过结束自己生命的想法，认真考虑过该想法的占到15.23%，更有5.85%的孩子曾计划自杀，并有1.71%的中小学生自杀未遂。在自杀者的年龄排列中，12 岁排第一位（占 40.3%），其次为 14 岁（占 22.7%），11 岁和 13 岁（分别占 13.6%）……很多孩子在学校找不到成就感，在家里也得不到支持和温暖，最终心灰意冷地选择了不归路。

你根据孩子的情状，清醒理智地让孩子休学，是解救了孩子，解救了自己，也是目前最好的选择。如果你碍于虚荣继续让孩子待在学校，后果可能会更糟。想想那些抑郁、离家出走甚至轻生的孩子，而我们可以天天摸摸孩子的头，拍拍他的肩膀，分享他的一点小成就。你做好饭了，高声而满足地喊孩子吃饭，大家一起享受一顿美味的晚餐，一切安详而正常，是不是很幸福啊？

第三，你是一位好妈妈，目前给孩子的安排无可挑剔。从所有聊天记录来看，你看了不少育儿书，对自己以前的态度也有深刻反省，正走在觉醒的路上，这已经超过了很多人，是一位不可多得的好妈妈了。

孩子休学在家，我敢说有很多妈妈会更加狂躁和焦虑，怕孩子的功课落下一大截，于是把眼睛瞄向了课外补习机构，继续逼孩子学习。你没有再逼迫孩子，目前给孩子安排力所能及的家务，贴近他的心，琢磨他的所思所想，慢慢地对症下药，我认为无可挑剔。在一种环境中蔫了的小苗，想让它好好成长，需要先倾注柔润的爱的雨滴，恢复它的生命力，而不是立即期待它长成参天大树。

第四，先放下，再继续想办法，轻推着孩子向前走。虽然你目前能接受让孩子休学这件事，但我还是能感觉到你有一定程度的焦虑、不安，当然这是正常的。你应该学会进一步放下，或者彻底放下孩子不适应学校学习这件事。养育孩子是我们生命中最根本、最深刻、最珍贵的一部分，孩子需要一个营养丰富、安全稳定的环境，越是环境健康、宽广、多样，孩子越是可以稳健成长。越是敏感的孩子，越能感受到妈妈的不安和焦虑，他一定会消耗能量抵御和化解来自妈妈的情绪，不能心无旁骛地发展自己。

第五，先让孩子获得自信，再因地制宜地寻找路径。如果孩子目前实在不想继续完成你安排的学习任务，我建议先停下来，不要附加任何条件。给他安排家务非常好，我很赞赏。这段时间，你必须接受孩子的无聊和无所事事，而不是无奈地忍受它。你放心，就算是儿童，他潜意识里也会为自己的未来着想。一段时间的无聊后，他一定会有所作为的。譬如，他想学点东西，他想充实自己的时间，这时候再鼓励他、支持他。你现在也可以安排他给弟弟教点东西，让他获得成就感，让他也学学跟同伴的互动，理解他人的感受。你在跟孩子的交流中，可以幽默轻松一点，偶尔说说反话，互动多一些，让家庭环境尽可能丰富，让他感受到生活的趣味和多样性。

再过一段时间，如果家庭条件允许的话，可以给孩子找个一对一或一对二的老师。要选择善解人意、能理解包容他的老师，或者是比他大一点的亲戚家的孩子，不在于学多少东西，而在于孩子跟同龄人的互动和交流。

改变孩子需要一步一步，点点滴滴，循序渐进，不仅需要头脑，更需要心灵。委实不易！不过，当看到孩子开始好转，我想天底下再没有什么事情比这个更加令你幸福了吧！

为什么看了很多教育类书，依然不会教育孩子

读者来信

读者 A：“梅老师，看了您的书《唤醒孩子的内驱力》，我受到很多触动，我和孩子都改变了很多，效果简直立竿见影。”

读者 B：“梅老师，您的书我看了，其他的教育类书我也看了很多，可是感觉一用到孩子身上还是很无力呀！总感觉书是书，孩子是孩子，一到孩子的具体事情和行为上，书里讲的什么理念和方法我都忘了，完全不会运用于实践，比不看书还焦虑，还无力。”

…………

梅老师回复

凡是说“梅老师，看了您的书，我受到很多触动，我和孩子都改变了很多，效果简直立竿见影”的这些读者，真是因为看了我的书才有很大的触动和改变吗？

不是的！读者这么说，只能说明他们太厚道、太慷慨了。真正的逻辑是：这些读者在阅读这本书之前就想改变现状了，已经认识到孩子的学习内驱力无比重要，关乎一个孩子的成长后劲、长远发展。他们偶然看到这本书后发现：“啊！书里说的这些理念跟我想的一样，太在理了！”思想通透后，他们的

行动会更加笃定，方法更加灵活，效果当然很好。于是，他们误以为都是受这本书的影响。

比如前几年，我对钱小能痴迷手机游戏、无心作业很恼火，每次在训斥、反驳这样你来我往的对垒之后，我都感觉精疲力尽，白白消耗能量，浪费时间，会失望沮丧，独坐房间久久地发呆。多次以后，我就想，不能再这样下去了，这样除了彼此消耗，一点建设性的作用都没有。事情的根源在哪里呢？我想了又想，发现根源就在我这个妈妈的情绪上。同样的话，带着不同的情绪说出来，结果完全不一样。

如果这时候我正好看到一本教父母如何管理情绪的书，看完后证实了我深思熟虑的想法，于是我有了彻底的改变，我可能就误以为是受这本书的影响。然而我明白，如果我自己没有深度思考过事情的解决之道，没有想改变自己的意识，就算我看了十本管理情绪的书，也不会有效果。

现在的问题是，一部分读者看了一些教育类书籍或听了某位老师的教育类课程后，仍然改变不了自己，仍然对教育很无力，甚至束手无策，而有的人却进步飞快。这是什么原因？该怎么办？

第一，对大部分父母来说，从学习教育理念或方法到取得成效，是一个逐步训练、不断进步的过程，一步到位者极少。每一个优秀的教育者都会重复这样的模式：学习—反思—调整—实践—再学习—再反思—再调整—再实践……循环往复之后，教育能力和教育信心才会得到提升，行动遵循教育规律，实现教育自由。

我经常说一句话：别怕难，控制自己的行为！费力控制住第一次，就容易控制住第二次。

有的人看书不少，见效却非常慢，为什么？那是因为看得多，反思少。**对教育起决定作用的东西在书外，而不是在书内，主要是实践之后的反思！**

第二，每个人的基础教育能力是不同的，要因人而异。每一个孩子的能力、禀赋、性格、偏好都有所不同，我们家长也一样。有的人从小到大特别擅长留意周围的种种现象，洞悉各种人的说话动机，揣测人的心理模式。这样的人长大后是天然的教育家，他们的教育悟性和能力都非常高。有的人你说什么他都懂，然而他没有行动，认为做起来太难了。有的人自己学习很在行，但教育孩子方面就外行……

昨天晚上一个妈妈向我请教：女儿上高二了，学习缺乏动力，放假时天天晚上玩手机，爸爸把女儿手机砸碎了，父女俩谁也不理谁。妈妈跟女儿关系也一般。女儿住校，和父母也很少沟通。

我耐心跟她说了我的想法和建议后，又加了一句：如果是我的女儿，我一定会再给她买个手机，哪怕是很简单的那种，这样可以每天跟女儿沟通一下，哪怕没有及时回复信息也不要紧，这是亲子关系走向融洽的关键一步。那位妈妈不说话了。我后来想，或许她的经历和能力使得她只能理解我前面说的那些，给女儿再买个手机，恐怕她想都不敢想，更何谈做到。

第三，承认自己的教育能力欠缺，但不要放弃。遇到孩子的问题，别怕浪费时间，别怕动脑子，要多看多思多想。从这本书里学一点，从那篇文章中领悟一点，在日常生活中多反思一点，一天天累加，量变促成质变。我自己就是在一次一次的觉悟中慢慢学会教育的。

持续学习，在实践中改变，说不定哪天我们就彻底开窍了。我敢肯定，每一个觉醒的家长，一定可以教出一个出色的孩子。

什么是好园丁式育儿

读者来信

我很认同《园丁与木匠》里的养育方式。在生活中，我也是做一个“园丁”，尊重孩子的自主性，让孩子自由成长，给他无条件的爱，接纳他的缺点和不足……可是，孩子并没有我想象中的阳光乐观、积极向上。上中学时，孩子有段时间开始振奋精神，努力学习，可是成绩总不见好转。很快，孩子就泄气了，整天疲沓沓的，得过且过，完全没有内驱力，对自己的未来毫无计划，更谈不上对什么事情有热爱、有坚持。难道我的教育方式错了吗？

梅老师回复

很多家长都读过《园丁与木匠》这本书，这本书的作者认为，育儿应该是像园丁育苗那样让孩子自然成长，而不是像木匠那样按自己心中的模子进行雕塑。这本书的内容和理念都不错，可是如果家长的认知还局限在低层次，是很难悟透作者理论的精髓并灵活运用的。

园丁也分优劣

这里我们先理清一个极为重要的概念：好园丁式育儿。

我支持园丁式育儿，但是园丁也分优劣。好的园丁研究不同种子的生长规律，根据植物的长势决定施肥的分量和时机。差的园丁就不同了，有的懒，让植物听天由命；有的坏，完全看自己的心情，情绪不好的时候还践踏破坏植物；有的蠢，学了一堆园丁知识，仍然不懂得如何培育好幼苗。家庭教育和园丁的事业有相似性，但明显复杂得多。父母和教师这类职业，需要有超越普通园丁的技能。这就是好园丁育儿模式的由来。

什么是好园丁育儿模式

究竟什么是好园丁育儿模式？父母对孩子的学习管得不紧、管得不多，是不是好园丁式育儿？或者，父母给孩子无微不至的爱，包容和接纳孩子的一切缺点和不足，时刻感受到孩子的情绪，替孩子解决成长路上的一切障碍，是不是好园丁式育儿？

我可以很明确地说，这些都不是好园丁式育儿！如果非要让我给好园丁式育儿下一个定义，那就是：**尊重孩子的自然本性，以孩子自主自发的成长模式为基础，以适当和必要的干预为辅助，引领孩子终身成长的一种教养模式。**这与家长为主导、控制和雕塑型成长模式是相对立的，也与放任自流的成长模式截然不同。在这里，父母的教养模式是顺势而为、潜移默化的，并且懂得适时干预。

你们家的教育，破坏和放任自流都非常明显。作为妈妈，你虽然懂得关心孩子的生活，但缺乏顺势而为的约束、引领和规则的设立，孩子的精神和行动都是一种放任自流的状态。当孩子需要干预的时候，父母都没有发挥好园丁的作用。

孩子上初中时，开始振奋精神好好学习了，但成绩总是不好。此时，一个负责任的家长就应该像好园丁一样，积极采取行动，而不是被动、无为。花草生病，好园丁要想办法为之治疗；孩子出现学习障碍，克服困难的能力不足，家长就应该帮助孩子打通困境，询问孩子，联络老师，想方设法帮助孩子重新燃起对学习的热情。

“无条件的爱和接纳”是好园丁式育儿吗

答案是否定的。为什么“无条件的爱和接纳”也不是好园丁式育儿呢？这种方式表面看起来完美无缺，实际上隐藏着很大的问题。很多受过高等教育，懂一点心理学，关注孩子感受的家长，更容易犯这种错误。这种错误的根本在于，父母总是过于关注孩子的情绪，舍不得向孩子提一点要求，担心哪怕一点点期待也会压迫孩子的心灵，单方面替孩子消除成长路上的一切障碍、困难和挫折。这样一来，孩子激发不出一种昂扬斗志，感受不到那种克服困难、战胜挫折的快感，缺乏生命的活力。久而久之，孩子就不愿意面对困难了，遇见难事就绕着走。

当然，帮助孩子打通障碍，并不是家长一味地冲锋在前，神不知鬼不觉地帮孩子解决问题，而是需要以孩子为主导的参与。

设立规则的重要意义

在美国，研究者研究了很多不同的养育方式，以及不同养育方式培养孩子的结果。上文中在很多家长中流行的自由养育方式，在美国也很流行。但是如果只有爱孩子、鼓励孩子、赞美孩子，而疏于为孩子设立规则，尤其是那些对孩子发展非常重要的规则，孩子很难学会凡事必须尽力，并且很难非常刻苦地去学会一些必要的能力。孩子长大后一旦离开家庭，面对复杂世界的挑战，就很难拥有足够的自信。因此，我们不要认为好的教养方式必然是爱，必然是尊重，必然是自由，必然是接纳，有爱和自由就足够了，而不懂得要求、期待、约束孩子，更舍不得必要的惩戒，那样的话，爱和尊重都起不到良好的作用。

规则和独自战胜困难的能力非常重要，每战胜一次困难，孩子的生命掌控感就会增强一点，自豪感提升一点，内在动力不断生长。

如果把人生比喻成江河，很多人认为静水流深是一种很好的生命境界。

其实，静水流深是在江河的下游，这不是青春年少的人该有的生命方式。在生命的早中期，应该是平缓和跌宕交替发展的，只有平缓而没有跌宕，只有安静而不闻涛声，这条江河的生命线是长久不了的。人也是一样！

当然，**世界上根本不存在完美的教养方式，也不存在单一的教养方式，教育只是一种选择，是权衡利弊的结果。**好的教养方式无法保证一定能培养出成功人士，但最起码可以培养出自食其力的人。

科学的教养方式不仅能培养出可以出色完成学业的孩子，还能培养出尽管学业不出色，但凡事能够努力的孩子——掌握一定的知识和技能，具备自我生存和生活的能力，以便将来能在社会上立足。

独立自主的妈妈会发光

读者来信

梅老师，您好！我们是单亲家庭，孩子刚满 4 岁时爸爸就离开了，然后我带着孩子住到我父母的房子里。我学历不高，但是很要强，我想着我一个人也能把孩子培养成才。

孩子幼儿园没上几天，总是生病，像在医院长大的。上小学时，孩子身体好些了，学习还可以，但是不愿意写字。一至四年级我天天陪着他学，刷一刷题。五年级开始我没时间陪了，让他自己做，有要求他还是可以做完。

六年级开始，孩子不愿意学习，学不会就烦躁，情绪不稳定。而且，孩子学会玩游戏了，打游戏越来越上瘾，爱看小视频，时时刻刻都想看。

刚上初中时还是老状态，心情不好时，他就说不上学了。现在的孩子要面子，什么都不能说，也不能问。但我观察他在学校也还好，上课时注意力集中时间较短，不能持续专注，但不是完全不学的那种。

这么多年我一直陪他运动，他想做的运动我都陪着，篮球、排球、游泳、骑行等。我什么都给他，苦着我自己，孩子却被我养得不知足。说真心话，我真的很累，他越大我越觉得累，心里煎熬，情绪失控，经济紧张，身心疲惫，心都在滴血。

梅老师回复

这位妈妈，你说了那么多，看起来一团乱麻，实际上仔细分析，孩子的问题并不大，关键问题还是在你这里。想摆脱目前的状况，你可以试着从以下几点做起：

第一，放下“一定要把孩子培养成功”这一执念。每个妈妈都想把孩子养好，养成功，认为自己的孩子可以出人头地，这很正常。但是，如果这个想法长期盘踞心中，就成了执念。

执念是一种强烈的想法和要求，它与孩子的成长规律相矛盾。为什么呢？因为孩子需要在一种宽和、自然、充满希望的环境里，才可以正常成长。

一个执念强烈的妈妈必然会把自己因执念无法达成的焦虑辐射给孩子，孩子时时感受到妈妈的情绪，两人互相影响，彼此消耗。

执念还很容易把人带偏，让人说话做事都会以它为中心，人的情绪开始变得不稳定，不能看见事物的真实状态，没法回到正常轨道。

就像我女儿钱小雅小时候，如果我不能及时放下“培养一个天才”这样的执念，我可能会犯很多的错误。

如何放下执念呢？就是把“我要把孩子培养成功”变成“我希望孩子成长为一个幸福的人”，包容并接受孩子成长过程中的一切缺点，轻松陪伴他。

第二，回到原点，管理好自己的生活，建设身心，增强自身能量。人一旦放下某个执念，心就会回到原点，那个原点就是人自在自足的状态，是一种心灵健康的状态。

从原点出发的人，直觉和理性都在一个宽厚和平的状态中，可以全身心地面对生活和工作。

拿我自己来说，这些年每隔一段时间，我都会很自然地省察自己，看自身处在什么位置上，如果偏离原点太多，我就会让自己回来。

心在原点的人不容易被各种各样看到、学到的零散观点或理念所束缚，不会整天拿某本书上或某篇文章里的一些条条框框去对照自己。例如，许多家教书上所说的“要无条件地爱、接纳、高质量陪伴孩子”等，这些理念本身并没有错，但一旦把它们变成一把生活的尺子去丈量自己，就变成了邯郸学步。

古今中外有各种各样的知识、观点、理念，不是学得越多越好，重要的是取我们所需，能够被我们消化吸收，能够帮助我们更好地生活，更安心地面对一切。

回到原点的人才能不拘泥，从而把从外界学到的东西运用于实践。

想教育好孩子，需要自己先稳定身心。如果自己每天都身心疲惫，缺乏能量，哪还有力量去跟孩子和谐自然地相处呢？因此，不要管那么多，可以先不学习，先好好生活，建设自己，让自己的内心变得平静、安定、坚实。孩子感受到妈妈的光，他就会得到照耀，就会得到力量。

第三，建立跟孩子之间的界限，孩子的事情放手让他去做。可能是单亲家庭的缘故，很明显，这些年来你和孩子之间的缠绕太深。孩子无论是学习，还是交友、课外班、运动、情绪的变化、物质的满足等，你事事操心，唯恐孩子做不好。你现在需要结束这种无界限地陪伴和投入状态，孩子的事情就放手让他去做，注意安全就够了。

你做自己的事情时，也尽量不要让孩子打断或打扰。你可以直接告诉孩子，妈妈也有妈妈的事情，需要集中精力完成，不要随意打扰我。

放心，这样不会让孩子觉得失落，他会感觉到妈妈是独立的，妈妈有自己的事情，妈妈在成就自己的生命价值。这本身就是光，不仅会促进孩子进行许多有益的反思，也自然会给予孩子一种力量。

要知道，**在生活中、在关系中，每一个正确的界限都有反作用力，都是给人力量的。**

爱和自由不能“包治百病”

读者来信

我家儿子上初二。我自认为自己是一个不断自我成长的妈妈，在儿子未出生时就开始阅读各种育儿书，这些年也不断在看心理学书籍，在孩子成长的每一个阶段，我自认为都践行了“爱和自由”这一理念。贴近孩子的心，想他所想，三思而后行，三思而后言，生怕自己哪里没做好而给儿子带来坏的影响。从小到大，无论是在生活还是在学习上，对孩子从没有过高的期待。

儿子小学时报了几个课外班，都是孩子自愿学习的。我也经常与老师联系，尽一切办法为他打通学习的通道。儿子在小学阶段很顺利，成绩突出，我也被周围的妈妈视为最懂教育的人。

可不知怎么回事，儿子从初一下学期开始慢慢有了变化。先是迷恋手机，我用您所说的方式引导他，他后来可以控制手机了。从初二开始，他觉得物理和地理很难，后来英语和语文也退步了，总是提不起劲，一回家就喊累。我和爸爸想办法鼓励他，儿子虽然从不跟我们逆反，可总是唉声叹气，作业拖延，无精打采，偶尔还无缘无故一个人在房间歇斯底里地喊叫，情绪时好时坏。我们从没有跟儿子发过火，我不知道他的火来自哪里。我心里天天堵得慌，感觉都快要憋出病来了。

学了那么多育儿理念，付出了几乎所有，到头来还是没有好结果，我不知道原因到底在哪里，想请您帮我解惑。

梅老师回复

看完你的留言，虽然我很同情你，我也认为你是一位好妈妈，但我不得不说，你的问题很大，对爱和自由的理解很偏狭。可以说，你无意中把爱和自由变成了窒息孩子和自己的“毒药”。

总的来说，你无意中想用所谓的爱和自由罩住孩子，而孩子自我意识开始觉醒的时候，他感觉在你精心编制的牢笼里活得难受，想做自己，又被你所谓的爱和自由牢牢圈住。无精打采，没有动力，其实是他的无奈反抗。

在我看来，那些没有看很多育儿书、没有被各种所谓的育儿理念挟持的妈妈，她们虽然可能对孩子“火爆”一点，但她们是真实的自己，孩子也可能会开足马力反抗和叛逆，但孩子和妈妈都会冲出来，觉醒后焕发生命活力。

你为了当一个好妈妈，不知不觉失去了自我。失去自我的妈妈不可能给孩子真正的爱和自由。

“爱和自由”的重要前提是适度

爱和自由是好的教育之道，但是过度的爱和放纵式的自由却是变质品。爱与自由都有其自身的特性，过度的爱是溺爱；放纵的自由不是自由，是对人的毁坏。

比如，自我克制是爱的一种，但也要适度。你为了实现对孩子的所谓爱和自由，拼命克制自己的愤怒和焦虑，甚至到了快要生病的地步，那肯定是过了。

你把爱和自由当成了教科书，而忘记了事实本身。就好比，反正我是照着教科书做了，至于结果，要错也是书上的理论错了，我没有问题。我只要做得足够好，足够温柔，足够宽容，我的孩子就应该优秀，对学习充满动力。关键是你这不是发自内心，不是心甘情愿，而是带着期待的自我绑架。

再比如，爱有时意味着自我牺牲，为孩子牺牲一些睡眠、娱乐甚至工作。这些牺牲要控制在你可以接受的范围内，不能无限牺牲，迷失自己。

过于克制自己的情绪和欲望，一心扑在孩子身上，有心理学家称之为“附体”，即自己没有了，完全附在孩子身上，孩子的喜怒哀乐变成了你的喜怒哀乐。时间长了，孩子的心灵承载不了两个人的压力，在你过分克制的焦虑中，孩子也在揣摩你，这样会让他大大消耗自身能量，不能全身心应对自己的事情，必然无精打采，继而会歇斯底里，情绪崩溃。

因此，我认为你儿子目前的状态只是这种情况的苗头而已。你的所谓爱和自由让孩子窒息，同时也让自己窒息了。

设立好边界，各自发展好自己

你需要在自己和孩子之间安装一个护栏，各自发展，各自独立。

教育不易，我们要学着诚实面对自己。自己是一个独立的人，孩子也是一个独立的人，中间一定要有护栏，有边界，着重发展自己。你和孩子都不要过分自我压抑，要学着发泄、释放，让家庭大部分时间都保持通畅的状态。

讲一件小事。有一天钱小能在家上网课，我在做饭。中午 12 点我快要做好饭的时候，他出来跟我说：“妈妈，你今天做什么菜了？”我说：“我做了一条鱼，炒了一盘鸡蛋小虾和韭菜。”他听了说：“我想点外卖，想吃外卖，你能给我报销吗？”我略一思索，说：“今天的不能报销，今天妈妈已经做好了饭，我的时间也是时间。你要早点说就好了。”

结果，钱小能愉快地取消了他的外卖，我们娘俩开开心心吃了午饭。对于这件事，过分自我克制的妈妈可能就会忍着不满，满足儿子的心意。这样既浪费了时间，又浪费了钱，你的心里会好受吗？当然，如果你不在意自己的时间，完全以孩子为中心，那就是另一回事了。

爱和自由必然给孩子带来学习动力吗

爱和自由可以直接生成孩子的学习动力吗？我的结论是不一定。爱和自由是人类一切美善行为的底层逻辑，但不会必然给某个具体行为带来动力。比如，爸爸妈妈非常爱我，也给了我完美的自由，我就一定能爆发钻研物理的动力吗？那当然不能！因为我天性不擅长物理的学习。

爱和自由可以养育出身心健康、个性良好的孩子，为他走向自我驱动的道路奠定坚实基础，但并不能让孩子在所有方面都产生学习动力。

爱和自由不能包治百病，正面管教也不能包治百病，任何教育理论和方法都不能包治百病。

孩子的内心都想要好好学习，都想要成为成绩好的那一个。但是在成长的过程中，大部分孩子的大脑神经功能还没有发育成熟，缺少足够的力量去抵抗学习中的倦怠和挫折。

怎么办呢？

每个孩子的心中都有两种力量，一种是逃避学习的力量，另一种是想要学习的力量。在两种力量的较量中，哪一种会赢？当然是我们在养育过程中敏锐地看见哪种力量，适当强化哪种力量，哪种力量就会增强，就会赢。我们要帮助孩子去不断强化想要学习的力量，让它茁壮成长，让它赢。因此，除了爱和自由，还需要父母的顺势而为、引导和等待。

总之，**父母要起到护栏和手电筒的作用，护栏是为孩子划定探索的边界，手电筒则是用家长自身的能力为孩子拓宽眼界。**

教育的最大难点，是家长等不及孩子建立自己的成长秩序

读者来信

梅老师，您好！我把手机交给孩子以后，就放寒假了。平时他一个人在家，游戏打得热火朝天，寒假作业基本没动过。我跟他爸开始有些焦虑，爸爸也终于忍不住发了脾气，儿子就更不想做作业了。过后我再跟他沟通寒假作业的安排时，他跟我反映说自己控制不住玩手机，每天总是在做作业和玩手机之间纠结，最后还是选择了手机。

昨天晚上他说让我白天把他的手机带走，但我还是把手机留在了家里，想让他慢慢学会控制自己，同时也跟他分享了一些控制自己的方法。回想起来，他还是有些进步，比如午餐自己做，很愿意跟我们出去运动，偶尔也会帮忙做些其他家务，但就是在学习方面还是没什么主动性。

请教一下梅老师，像我们家孩子这种情况算不算有进步呢？爸爸要求我没收手机，我没有没收，我做得对不对？

梅老师回复

这位有心的妈妈，你做得特别对，我甚至有些激动。真的，我一看哪位家长历尽艰辛、克服种种困难后往对的方向走时，我就很激动，因为我听到

教育觉醒的声音。

无独有偶，另一位妈妈也碰到了类似的问题。三个月前，她猛然间发现刚上初三的儿子在偷偷点燃一种东西，一查，发现是电子烟。她顿时恐慌起来，然后质问、批评儿子，儿子乖乖地把电子烟交给了她。她非常着急地问我接下来怎么办，要不要停掉孩子的零花钱，并严厉禁止孩子吸这种电子烟。

我想了想，告诉她，如果是我，我不会停掉孩子的零花钱，会把电子烟还给他，但我会跟孩子简单聊一下这件事，真诚地说说我的想法，选择权在孩子自己……

过了一段时间，那位妈妈无比惊喜地跟我说，梅老师，我照您的话做了，没有没收儿子的电子烟，而是和他好好沟通了一番。现在过了三个月，他丝毫不沾电子烟了。有一次我帮儿子收拾房间的时候，在他抽屉的最里面，我看见他把原来的电子烟包在一个纸包里，上面写着“纪念”两个字，旁边还有一个小笑脸。

“我天天都在跟我的本能作斗争”

在分析这两个案例之前，我想说我儿子钱小能最近跟我说的一句话：“妈妈，我天天都在跟我的本能作斗争。”

我问他说的是什么本能，他说就是睡前刷视频，早晨不想起床，渴了想喝汽水，无聊了想玩游戏……比如说学习吧，明明知道考试的日期近了，还要天天欺骗自己时间还早，再玩会手机也没关系。

我问他是怎么战胜自己的，他说每次战胜自己的本能之后心里都很高兴，有一种胜利者的感觉。高兴，就是战胜自己最好的鼓励。

你看，**一个普通孩子，一个平凡人，都是在缓慢地摸索着自己成长的路线、成长的节奏**。

世界和人自身内部都是在慢慢变化的，明智的人能时时刻刻察觉这些细微的变化，然后根据这个趋势谋划和推动自己的生活和事业。可以说，从内部生长出来的东西，才会让人踏实。

当孩子充分感受到父母对他的无限接纳和包容，他成长的内耗就少。他可以进行各种试错，在试错和收获的过程中找到自己的节奏和人生目标。在这个过程中，爸妈是孩子的坚强后盾。

第二位妈妈没有粗暴没收孩子的电子烟，而是给他一个自己去调整的时间和空间，让孩子去跟自我作斗争，学会自我调整，这就是尊重和信任啊！它是每个人内心最渴望的东西。孩子只有被充分尊重，才能学会自尊，才能习得自律。**一个缺乏自尊的人是绝不可能做到自律的。**

给予孩子调整自我、寻找节奏的时间

我曾经也一样，纠结于表面的效果，不愿意从根本上改变自己，给孩子调整自我、寻找节奏的时间。以前放假，一看钱小能玩手机时间过长，寒假作业迟迟不动，我总是想帮他端正态度，利用各种语言技巧和一切机会，适时地引诱他学习，最终还是没逃过孩子锐利的眼睛，冷不丁他就来这么一句：“别说了妈妈，你越这样给我压力我越烦。学习是我自己的事，想学的时候我自然就学了，你不用想尽办法引诱我学习。”

老天，这不就像苦心经营的谎言一下子被人家揭穿一样？不仅毫无办法，还得为自己解嘲。

眼看又到寒假，这次我可想通了，根据我对他品性的细致观察，我感觉钱小能哪怕什么大学都考不上，也有能力养活自己。就算他真的实现了当个快递员的愿望，我认为也很正常。既然我不明着引导他学习，间接暗示又都能被他识破，我何苦“自取其辱”呢？于是，我咬着牙只字不提学习，睡醒了喊他吃饭，兴致勃勃地跟他聊电影、聊运动、聊书……其实也不是一直咬着牙，就是前三天咬牙不提，以后就自然了。

结果，他调整自己比我预想的还快。

平生第一次，放假第一周开始做寒假作业，从他最喜欢的英语开始做，给我看作业的时候，我知道他是用心做了。其他方面，包括学习、运动、读书、看电影，以及跟小伙伴踢球、约饭，一切都安排得不紧不慢。某天睡得晚了，第二天他会调整自己早点睡。他那天还跟我、钱爸爸、钱小雅说：我放假过得太快乐了，发了压岁钱更快乐。其实，我们也过得挺舒心的。

不要害怕一次一时的失败，你要知道你已经在那个向上的趋势里面，变化永远在发生，你在创造好的变化！总有一天量变产生质变，你回头一看，想要的都在身边。

孩子需要时间建立自己的成长秩序

教育的最大难点在于父母等不及孩子建立自己的成长秩序。

什么是孩子自己的成长秩序？就是一个人本着自己的精神内核或核心天性，找到自己的学习和生活节奏，并不断调整自己的过程。也是一个人最终成为他自己，成为一种完整的，但又不同于他人的发展过程，这是心理学的一个重要概念——自性化。

一个能够在自由的氛围中建立自己成长秩序的孩子，他会有一个真实的自我认知，他会明白自己是个怎样的人，明白自己需要接受什么样的竞争。也就是说，他会有足够的内驱力，去面对这些竞争，以及能更理性地去安排自己的学习和生活，乃至人生。真正走得长远的孩子，莫不具有以上的特质。

是时候该给孩子一个清晰的边界了

读者来信

梅老师，您好！孩子3岁之前，我和孩子的爸爸属于分居状态，他在老家的小镇上班，我在上海，和孩子的外婆住在一起。孩子3岁时，我从上海回到了老家。因为我和先生不管是恋爱还是结婚后基本上都没在一起生活，所以在家经常吵架，加上我母亲是非常强势的老太太，跟着住在一起，家里矛盾更多。那时候，孩子经常不愿去幼儿园，看起来有些暴躁、敏感。

后来儿子上小学，三年级之前还算好，虽然不想写作业，不想上学，但还过得去，成绩也跟得上。四年级时，孩子不想去上学的问题开始变得严重，有时候一周都不去学校，爸爸在家打了他屁股，他才去。整个四年级他天天不想上学，我都快崩溃了。

后来不得已把孩子转到了私立学校，孩子情况好转了很多，去上学基本上没什么问题。学校是寄宿制的，孩子每两周回来一次，有段时间状态也非常好。

在这期间，我跟他爸爸确实感情不好，也在犹豫是否要离婚。在物质方面，尽管有时候有困难，但基本上儿子要的东西都会给他买。结果现在儿子认为，再艰苦也不能亏欠他。

儿子上初中后，本来说好上学日不能玩手机，结果我没有坚持，然后商量好每天可以玩 1.5 小时，但要写完作业再玩。有时候他玩游戏超过 1.5 小时，还继续偷偷玩。后来我觉得与其这样，不如让他自己管控自己的游戏时间，结果情况慢慢失控，孩子每天回来就玩游戏，作业也不认真写，不会的就上网查答案，而且经常熬夜玩游戏。

多次商量都无果，现在只要谈论玩手机这个问题，他都坚决不谈，结果总是不欢而散。

其实，孩子之前很喜欢看书，兴趣爱好也多，结果现在一点书不看，不是玩游戏就是看短视频。我非常着急，却不知道该怎么办。

接到这位妈妈的咨询求助，看完她的陈述之后，直觉告诉我，情况没有这么简单。我让这位妈妈把孩子在家三天的一言一行记下来，包括孩子与爸爸妈妈的对话，与外婆的对话，玩游戏的时间，睡眠时间，等等。这位妈妈很用心，她每天发我一份孩子放学回家到第二天上学前的详细记录，每天至少 1500 字。我看完之后，心里豁然开朗。

梅老师回复

我反复看你的这些记录，以及你对这些年经历的总结，可能是旁观者清吧，我发现孩子目前的种种表现，如沉迷手机、学习没有动力、得过且过等，都指向一个根本所在——他的家庭是病态的，他不满意、不接受，但自己说不出来，也无法改变。

可以说，这是一个孩子无法解决的难题。

好在，孩子面临的问题你是有能力解决的。这里我给你两条建议，无论多难，希望你都要想办法去面对。

第一，尽快选择你未来家庭的模式。孩子表面上看是沉迷手机，学习、做事懒散无力，实质上是生命力长时间得不到滋养的结果。他大部分时间都生活在一个不确定的家庭环境中，这个不确定，主要是你和他爸爸关系的不确定，家庭矛盾不断滋生的不确定，也是他对家庭未来情况的不确定。

一个孩子获得成长的力量，有两个必要条件：一个是家庭稳定，一个是安全感。当孩子从吃饭、睡眠上获得的能量都消耗在对不确定性和安全感的担忧之中，请问，他如何获得精神的成长？如何获得强大的心灵呢？

其实，一个孩子只跟着离异的妈妈或爸爸，或者只跟着爷爷、奶奶都不要紧，只要他可以稳定地受到看护人的照顾，消耗少，就可以生长出力量，因为家庭的功能永远比结构重要！

因此，你深思熟虑后如果选择离婚，那就尽快分开，形式上和本质上都要分开，不必再有任何犹豫。如果决定不离婚，在一起过，那就想方设法改变自己以适应对方，或者影响对方。无论做出何种决定，都要明确告诉孩子，果断坚定地告诉他你的决定以及你对未来的打算，给孩子一个笃定向前、努力上进、有希望、可信赖的妈妈形象。这一点非常重要，这是建立稳定性的开始！

第二，和孩子之间建立一种新型关系：亲密而独立。可能是因为内疚和爱，我发现你和孩子之间的纠缠太深了。孩子对你的依赖太重，严重偏离了正常范围。其实，你潜意识里对他也有依赖，只不过自己没有觉察而已。

因此，从现在开始，你要试着在你们之间竖起一道屏障——你的边界。没有边界的生活是非常可怕的，你无限付出，无限迁就，孩子还认为你是应该的，不懂珍惜，彼此的心都很累。

记住，当你在你们中间竖起一道屏障的时候，态度一定要温柔而坚定，不要轻易妥协，要给他一种不可动摇的感觉。

也就是说，你要做一个刚柔相济的妈妈。你们的纠缠表现在你几乎对孩子的要求有求必应，孩子感受不到他所面临的任何边界。比如，都凌晨一点四十分了，孩子还喊你给他辅导，难道妈妈不需要睡眠吗？ 他不应该安排好时间，早点开始做作业吗？

你目前对孩子态度卑微，无限宽容，这是不妥的。不过可以理解，因为你的自我很弱，需要长期建设。

孩子是我们从小养大的，爱他很容易，对他好很容易，宽容和理解他也很容易，强硬的态度和界限则比较难！正常家庭，爸爸可以在妈妈和孩子之间横起一道墙，可你们家没有这道墙。因此，你在孩子面前不能只当妈妈，你还需要扮演爸爸的角色，你要强硬起来。两者合起来，就是刚柔相济。

你一定要想透了，狠下心来，否则孩子的未来让人担忧。这两条是最重要的，这两条做好了，其他小事都迎刃而解。

比如，手机玩多长时间，这个可以商量好，也可以不商量，你自己做决定。你告诉孩子："我是你的监护人，对你的手机，我有管理权。"如果孩子坚持不给手机，以不上学来要挟，那好，就接受他不上学，同时做好外婆的工作。把一切后果想明白，迎接最坏的挑战。但是在这期间，你要跟他保持沟通，不冷战，有进步的地方，及时表扬孩子。

比如，你要求他尊重你，不能对妈妈和外婆骂骂咧咧，不能说不礼貌的口头禅。这些都是你作为一个监护人的正当要求，并没有侵犯孩子的边界。

比如，他吃不吃饭，吃多少，几点睡，我们提对他健康有好处的建议，孩子执不执行是他的自由。如果干预这些，就是越界了。

你之前管教孩子不合适的地方太多，现在改起来当然比较难。你别害怕，也不要试图一下子做到位，而是要小步走，态度坚定，不怕拉锯战，每前进一小步都会给你力量。**你不缺对孩子的爱和理解，你缺的是强硬这面墙。**

可能你目前做起来缺乏力量，那我告诉你，当你做对了，力量就会来的！

初中开始厌学、休学，只想躺平，拿这些习惯于安逸的孩子怎么办

读者来信

梅老师，您好！我是一个非常用心、追求完美的妈妈，我把孩子照顾得无微不至，对家庭的一切都安排得妥贴周到。

女儿上小学时，我对她要求很高。她如果考试不理想，回来后也看不到我的好脸色。孩子小学阶段成绩优异。

女儿从初一开始就有厌学迹象了。高二开始，女儿的厌学情况更加严重，而且一到考试就焦虑、紧张。她很希望得到别人的认可，很在意别人的评判。参加高考也是为了不让外界觉得她不行。她现在是半休学状态，隔三岔五去学校一次，其他时间就是在家上上网，玩玩游戏，看看书，看看剧。从女儿厌学开始，我有意放低了对她学习成绩的期待，也不敢说她，担心她会出心理问题。有时想让她振作起来学点东西，她就说：我不需要那么有钱，我不需要活得多高级，我也不需要过那么优裕的生活，我吃饱穿暖就够了。

近一年我们带孩子看过两次心理医生，还做了咨询，做了问卷，结果都显示孩子没多大问题。可是我一看见孩子目前的状态，真是发愁啊！

请问梅老师，我该怎么办呢？

梅老师回复

这位家长，你好。前些天，青少年心理专家陈默老师在“首届青少年心理安全论坛”说了一个案例，我们来看看陈老师的原话：

有个孩子从初二开始不上学，现在已经高一。家长把他带到我这来，这个孩子说：“你们叫我来干什么？叫我去上学对吧？上学就是为了考大学，考大学就为了找好工作，找好工作就是为了过好日子。可是老师，我现在的日子就是最好的日子，我没有任何压力，我想躺在沙发上看书就看书，想躺在床上看手机就看手机，我已经过上最好的日子，你们设定的目标我已经替你们实现了啊，你们为什么不让我过？还不停折腾我？”

我只能跟他说：“你睡的床不是你买的，你躺的沙发不是你买的，他们可以不让你用呀。”

然后我就到隔壁房间，跟他妈妈（职业是教师）说：“你在家里、在学校一定都是这样教育孩子和学生的吧？——上学就是为了考大学，考大学就是为了找好工作，找好工作就是为了过好日子。”

故事就到这里，陈默老师没有继续往下说。

后来，我时不时会想到这个孩子：如果他是我儿子怎么办？这类孩子的情况算不算目前一种常见的社会现象？……

这个男孩和你女儿情况类似，一开始介于正常心理和抑郁之间，或者属于轻微抑郁，表现为厌学、焦虑、恐惧等。有一定觉醒意识的父母会意识到自身的问题，进而降低对孩子的期待，关注孩子的心理，允许孩子在家休养调整。初期，孩子的精神和情绪慢慢见好。然而接下来一段时间，就看不出孩子明显的变化了。孩子在家上上网，看看剧，玩玩游戏，睡睡觉，一天一天就过去了。父母不提上学还好，一提上学就闹得不欢而散。

我综合衡量后认为，上述两个孩子应该都处于基本正常的状态。他们之所以表现得无所事事，**一是因为缺乏足够的勇气，二是无所事事的状态助长了人性的懒惰。**当一个人内心的理性和心理能量不足，长时间的安逸会进一步摧毁他的勇气和斗志。

你可以以合适的方式让你女儿知道，她的面前有两条路：一条路是回到学校，直面竞争，一边刻苦学习，一边持续对自己进行心理建设；另一条路是干脆休学，借助父母的支持，勇敢追求自己喜欢的东西。这两条路都需要你的决心和勇气来支持。不管选择哪条路，让你女儿每天付诸一点行动，都比她在犹豫、纠结、患得患失中不断内耗更有利。

你可以告诉她，每个人来到这个世界，都带着与生俱来的天赋和潜力，不能任凭自己的天赋和潜力荒废消散，最后过得毫无意义，毫无建树。每个意识健全的人，都应该振作精神，向着饱满而丰盛的生命境界出发。哪怕你现在还缺乏能量，最好能心存这种意识：无所事事是一天，勉力做事也是一天，人总要活出自己的生命境界。

这是一个哲学命题，整部《论语》都是这样教我们做人的。

再说陈默老师所举案例中那个男孩的逻辑：我现在的日子是最好的日子，没有任何压力，想躺在沙发上看书就看书，想躺在床上看手机就看手机。我已经过上最好的日子，你们设定的目标我已经替你们实现了啊，你们为什么不让我过？还不停折腾我？

你看，男孩正常得很，也聪明得很。从他的那些话中，你能看出这是一个心理有问题的孩子吗？他在用成人逻辑的矛，刺成人逻辑的盾。

这说明什么？说明很多家长、老师教育孩子的逻辑——努力考上好大学，你才会有好工作，有了好工作才会有好日子——在他这里是错的，或者早就过时了。

当然，上述逻辑在大部分 60 后、70 后，甚至 80 后身上是完全成立的。我本人就是有一天突然意识到只有考上大学才能彻底改变命运，过上好生活，于是放下手里的小说，开始发愤学习的。事实也证明，我们这一代很多人就是通过刻苦学习考上大学而改变了命运。

然后，经过几十年的发展和积累，如今的情况和之前已经大大不同了。现在的孩子早已经被父母满足了基本的生存需求和生活需求，他们的起点高，他们现在的状态就是我们当初追求的状态。

所谓条条大路通罗马，他们现在已经生活在罗马。那我们这一代还用曾经的逻辑来教育和约束他们，能不被他们嘲弄吗？

那么，对如今大部分孩子来说，他们上学的目的是什么？

上学的目的当然不是为了考个好大学，而是为你美好生命的展开奠定基础，为你自我实现的未来做好准备，为建设更高级的社会形态和强大的祖国贡献自己的力量。

“从善如登，从恶如崩”，人生也是这样，你如果想去往更高更好的地方，是一定要付出一些努力的，一切美好的事物都是有门槛的。

有的孩子可能不认可这些，就像你女儿所说：我不需要那么有钱，我不需要活得多高级，我也不需要过那么优裕的生活，我吃饱穿暖就够了。或者像那个男孩所说：我现在过的日子就是好日子，我干吗要上学，要努力？

大富之家，孩子躺平吃几辈子都吃不完，父母愿意，其他人也管不着。普通家庭，父母认为自己可以为孩子的一生托底，不就是一日三餐、家常便饭嘛，我养着他，那也行。还有的家庭让孩子在家做“全职儿女”（孩子成年后不外出工作，而是为自己的家庭打工，为父母、长辈服务，家庭给予一定报酬），也可以。

其实，面对这种类型的孩子，问题不在于家庭富贵或贫穷，一切取决于父母的人生态度。

但是，如果遇上我这样的妈妈可能真不行。事实上，我很早就明确告诉过钱小能：你现在住的房子，睡的床，吃的饭，都属于我和你爸爸的财产，我们只有养你到 18 周岁的义务。你满了 18 周岁后，如果没有自己的精神追求，不劳动，不自食其力， 对不起，我们将不再养你了。这是原则，原则是不需要理由的。

如今“鸡娃”这个词很流行，那怎样才算是最好的“鸡娃”方式?

我认为是**父母要不断地修炼、成长，在精神、思想方面走在孩子的前面，比孩子成熟，比孩子透彻，比孩子强大**。平时温和宽厚，爱孩子，包容孩子，但该严肃甚至严厉时，父母则毫不怯弱，勇于直面孩子的问题并想办法解决，而不是被孩子牵着鼻子走。

从不打骂孩子，一直是鼓励式教育，可孩子还是抑郁了，问题出在哪里

读者来信

我是一位妈妈，女儿今年 14 岁，上初二。我和孩子爸爸都在体制内工作，极少打骂孩子，都是以鼓励式教育为主。

孩子从小成绩特别好，历任老师都说孩子很棒，很喜欢她。孩子初中如愿上了我们当地最好中学的重点班，在班里成绩中等。

我和孩子爸爸自认为也是懂教育的，觉得孩子挺不容易，在重点班成绩中等我们也非常满意，从没有抱怨、指责过孩子。但她自己却受不了，学习时间比以前更长，更刻苦、更努力了，然而成绩依然没有提高。

前段时间，孩子跟我说对自己彻底失望了，感觉学不动了。虽然我们极力开导她，但是没什么效果。她有些自暴自弃了，经常晚上睡不着觉，第二天早上起不来，请假越来越多，到 2023 年 12 月份开始期末复习的时候，她就彻底不去学校了。

我们本以为利用即将到来的寒假调整一下就能正常复学，结果开学后，她还是一直说不想上学，不愿去学校。

后来我们带孩子去医院检查，结果确诊抑郁症。女儿知道自己得了抑郁症以后，好像一下子释然了，松了一口气。之后她就再没有学过习，现在每天离不开手机，很少出门，表情阴郁，和我们说话也不多。

我们真担心孩子就这样一直沉沦下去，她的未来该怎么办？我和爱人的生活也一下子被打入谷底，感觉看不到一点希望。

我们特别不能理解的是，作为家长，我们从来没有给孩子压力，也不打骂孩子，为什么孩子还是抑郁了？

以上内容是我在某篇文章中看到的一封读者来信。

这篇文章的作者说，经过仔细分析这封来信，并和女孩妈妈多次深聊之后，原因才渐渐清晰起来：孩子之所以这样，其实和一直以来被夸“真好”“真棒”大有关系。

孩子被夸的时候，很有成就感，但是慢慢会觉得，只有自己把事情做好了，才是好的，才是棒的。为了能一直体会被夸“真好”“真棒”的感觉，孩子一直努力学习。但后来她发现，无论自己如何努力，成绩都没法提升，都没法被夸“真好”“真棒”了。孩子心里的无助和失落积累得越来越多，慢慢地，她就没有了学习动力，开始沉迷手机，陷入空虚。

周围环境中的“真好”“真棒”，对于孩子来说无疑是沉重的枷锁，压得她喘不过气来。孩子情绪上的毒素越积越多，她再也消化不了，最后抑郁了。

乍一看，这位作者的分析似乎很有道理。但仔细思考之后，我觉得作者的分析停留于表面，还没有抓住问题的核心和本质。

无独有偶，在多年的公众号写作和教育咨询过程中，我也碰到过很多类似案例，下面是我对类似案例情况的分析和思考，权当回复。

梅老师回复

为了更深入地解读此类案例，下面拿我写作这件事做个类比吧。

我从 2020 年开始写公众号，文章阅读量从 500 到 1 000，再到 5 000，再到 10 000……一路上，外面有忠实读者热情捧场，家里有钱大哥、钱小雅、钱小能不断鼓励。看着文章阅读量节节攀升，我也写得很带劲。

假如有一天，无论我怎么努力，文章阅读量都上不去了，还蹭蹭蹭往下降。于是我迷茫了，慢慢厌倦写作，没动力了。到医院一查，发现自己抑郁了。

那能不能说：读者的夸奖是我写公众号的动力源泉，在大家的夸奖下，我写作越来越有动力。如果有几次阅读量低，怎么写都不见起色，读者也不夸我了，我就特别紧张，压力山大，狠狠地否定自己。读者“真棒”的反馈，像给我戴上了沉重的枷锁，压得我喘不过气来。我情绪上的毒素越积越多，终于我消化不了，最后抑郁了……

仔细想想，这样的逻辑推演，这样的因果，是不是很奇怪呢？

不管是大人还是孩子，因为某件事而抑郁了，那么这件事一定是他的“命根子”，是他立足于世的价值所在。如果没有它，这个人会彻底否定自己，严重缺乏存在感。这才是一件事情足以让人抑郁的根本原因。

如果我真的因为阅读量这件事抑郁了，根本原因是：我认为自己江郎才尽，对写作已经无能为力，非常绝望、难受。怎么会是读者和家人夸我导致的呢？

试想，如果阅读量是我的“命根子”，哪怕读者和家人天天骂我，说我的文章一文不值，但阅读量不断上涨，我天天偷着乐都来不及。大家骂不骂我，捧不捧我，对我来说有什么关系呢？

再看这个女孩，她基础很好、学习努力、性格好强，假设父母和老师都不表扬她，甚至还打压她，但她一直保持优异的成绩，大家认为她会抑郁吗？

当然不会！她的抑郁跟外界的表扬或批评有一定关系，但没有必然的因果关系。抑郁的主要原因在于：她认为只有成绩才能证明自己是优秀的，无法接受好成绩之外的状态。一旦她认为自己没有能力提升成绩了，就会对自己的学习能力产生怀疑，非常绝望。

该怎么解决这类问题呢?

大家先想一想，如果我真的因为在意阅读量这件事而抑郁了，该怎么解决我的问题呢？有聪明人会拿出数据帮我分析：您看看，全国有多少公众号，平均阅读量 10 万 + 的占多少，平均阅读量 1 万 + 的占多少，您目前的公众号阅读量已经排到全国前 5% 甚至前 1% 了，您的后面还排着几十万、上百万的博主呢。还有，就算现在您的文章阅读量全国第一，一定还会有比您强的博主冒出来，到时您可能又排后面了。人外有人，山外有山，咱总不能因为这个一直自寻烦恼吧。再说，除了写作，这世界上还有很多有意思的事情啊，比如看书、练瑜伽、美食、旅游……数都数不过来!

我仔细想想：对啊，我的文章阅读量不算差，排在我后面的人还多着呢！我的天赋和能力又不是最高的，我已经尽力，结果也很不错。再说，这世界上好玩的事情多着呢……

同理，解决女孩的问题也类似，当然，她的问题相对复杂一些。

我认为，她的父母在教育上没有犯太大的错。当孩子表现突出时，父母给予适当的夸奖和赞美在情理之中。女孩抑郁厌学的根本原因不是父母的夸奖和鼓励，而是自己对成绩的预期太高，价值观太单一了。当成绩下降、无法提升时，她感到力不从心，对自己绝望了。

接下来，大家需要做的是：

1. 父母要全方位提升、改变自己。重点打理好自己的事务，调节好情绪，不要总盯着孩子，不能跟着孩子的情绪走。乐观、自信地生活，唱歌、跳舞、爬山、做美食……活出自己人生的光彩和价值，让爱和能量自然而然地流向孩子。

2. 耐心、客观地帮助孩子分析现状。家长、老师一起帮孩子分析她在班级、学校、辖区所处的位置，帮她看清自己。同时，看看她学习上的瓶颈在哪里，学习方法是否需要改进，需要怎样的支持和帮助……

3. 帮助孩子摒弃唯成绩论的单一价值衡量体系。帮她分析学习成绩这件事在人生中处于何种位置，帮助她感受每个人身上那些璀璨的地方，让人间烟火的光映照到她的心灵。

4. 允许孩子消沉、放纵一段时间。给她慢慢消化自己挫败感的时间和空间，让她进行自我化解和疗愈……父母要多关爱孩子，尽量少干扰，把握合适的度。每个孩子走出低谷和抑郁时间的长短，跟她个人特质以及家长的认知和觉悟水平都有直接关系。

总之，我们分析问题时，一定得透过现象看本质，捋清事情发生的底层逻辑，才能对症下药，精准施治。

比起搬砖，我更想让孩子当大学教授

读者来信

梅老师，我看了您的书和很多公众号文章，能明白您的用意，也了解了您的一些家庭情况。我觉得您能保持淡定，是因为您走出了围城，而不够淡定的我们都还在旋涡中折腾。您不在乎钱小能将来搬砖，是因为您可以保证他幸福；您淡定，您不给孩子打鸡血，是因为您家境好，到达了更高的阶层。

搬砖可以养活自己没有错，我堂弟在搬砖，他人品很好，但是没有资源，没有积累，现在他连成家都难。

梅老师回复

我想说说我到底是怎么做到淡定的，看看是不是因为你说的这些原因。

第一，我淡定，不是因为我可以保证钱小能的幸福，是因为我大致明白幸福的原理。我和钱爸爸加起来，都丝毫不能保证孩子未来的幸福。到我这个年龄可能才明白，幸福跟钱有关系，但没有必然的关系。幸福来源于个人的品性、认知、情感，以及和万物建立的联结。

第二，我淡定，是因为我不得不淡定。和很多父母一样，其实我对孩子的教育变换过无数的方法，打了很多桶“鸡血”，绞尽了每一滴脑汁，结果发现用处都不是很大。而当我真正放下对孩子成绩的执念，去关心孩子本身，高度尊重他，不高要求，不攀比，不控制，不监视，不鄙视，润物无声地积极影响他，他的学习内驱力才真正地慢慢生长出来。

淡定是无数选择后的结果。一边放下，一边建设——放下对成绩的高期待，悄无声息地正向建设，一切才会在悄无声息中真正好起来。

第三，我淡定，是因为这些年我一直在不断地学习和自省，看明白了儿童、青少年的成长规律。如果真的家境好就可以淡定，那为什么大多数抑郁症青少年都来自中产家庭？

第四，我淡定，是因为我比谁都了解搬砖的苦，可我也对搬砖的结果无可奈何。钱小雅、钱小能的舅舅——我的亲弟弟，就属于学习不开窍型。我大一那年假期回家看他不堪上学之苦，对学习这件事深恶痛绝，便劝说父母不要再逼他上学了。他至今感激我把他从泥潭里拉上来：“我从来没后悔过退学，我知道我不是学习的料。”

是的，因为时代和家庭的局限，他也丧失过一些机会，搬了二十多年砖，受了很多苦，我不心疼他吗？我难道不知道搬砖生活的艰难？我当大学老师的那些年，每天坐公交车上下班，不时看见身旁有满身泥点子，旁边还放着油漆桶的打工弟兄，他们忠厚疲惫的脸庞跟我弟弟一模一样。每当那时候，我总是想起我弟弟，我站起来想让他们坐一会儿歇息一下，他们总是诚惶诚恐地拒绝，而我如坐针毡。

这些年，尽管因为他自己的努力和我们的一点帮助，他的境遇改善了许多，但仍然需要搬砖，任何人都难以彻底改变他。纯粹的体力劳动者就是这样，一旦不劳动，就会坐吃山空。清华大学副教授刘瑜在演讲中的那句话——“我女儿正在势不可挡地成为一个普通人”，被许多教育流量博主借机煽情大骂，真让人难受。认真听完她演讲的每一句话后，我完全理解她。她没有说错，家世和财富可以救人一时，绝对救不了一世，路只能自己走。

第五，我淡定，是因为我知道，一个人自己不努力，又没有任何独特的能力，上帝也不能彻底改变他的命运。比如钱小能，当他考了个很一般的大学，熬到毕业，请问，哪个好单位会接受他呢？就算我们有一点人脉，我们也没脸去求亲告友，硬塞一个无能的儿子进去。

有人会说，钱小能可以去自己爸爸的公司干啊！那你还是没看透。他能去那里干什么呢？搞研发，搞技术，还是爸爸把公司交给他管理？结果要不就是给公司看大门，要不就是去干体力活，没有更多的选择。很多啃老的青年高不成低不就，依靠父母给一些接济，依我看，还不如家境差一点，老老实实搬砖过得更踏实。

如果不是迫不得已，我难道打心眼里想让我的儿子将来搬砖吗？还记得龙应台说过："孩子，我要求你读书用功，不是因为我要你跟别人比成绩，而是因为我希望你将来会拥有选择的权利，选择有意义、有时间的工作，而不是被迫谋生……"这是知识阶层的焦虑之源啊！我也不能例外！我深知我无法改变孩子的命运，只能慢慢影响他。

第六，我淡定，是因为我已经觉醒了！要说起来，我对两个孩子早期的期待都是当大学教授或考公务员，现在看来，他俩都不太可能走这条路。随着认知的提升，我的期待早已放下了。因此，我对他们的未来早就淡定了，他们的时代和我当年的时代大不相同，他们都是独立的个体，有独立自由的灵魂，他们的人生为什么一定要迎合妈妈的期待呢？

如果你问我现在家庭教育最自豪、最成功的是什么，我可以坦然诚挚地告诉你，我的两个孩子都越来越清晰地知道：我是谁，我最适合干什么，我能干什么，我最喜欢干什么，他们一直在探索自我、发现自我！这样的孩子哪怕不能取得世俗意义上的成功，也能找到人生的意义，点缀世界的参差多态。

自食其力，是我目前对两个孩子最真实、最靠谱的期待！

智商、成绩与持续成长的关系

读者来信

梅老师，我是一位高中数学老师。这些年，我观察了很多学生之后，发现孩子的学习内驱力和智商很有关系，您怎么看呢？

梅老师回复

你这个发现，刚看到的时候我有点不以为然，可是再一想，感觉很有道理，就学习知识的动力而言，学习内驱力跟智商确实有关系。比如，逻辑智商高的人吸收和理解知识更快，学得快，记得牢，很有成就感，而成就感反过来又可以激发学习内驱力。但是，我仔细思考过后又发现，我们目前对智商的理解过于偏狭，一说到智商，一般认为指的是逻辑智商，但逻辑智商在唤醒孩子生命内驱力方面只起到一小部分作用。理想的养育环境下，每一个孩子都可以有饱满的内驱力，而不仅仅是知识学习的内驱力。

智商不等同于智慧

什么叫智商？智商即智力商数，通常是指人们认识客观事物并运用知识解决实际问题的能力。它包括多个方面，如观察力、记忆力、想象力、分析判断能力、思维能力、应变能力等，这几乎就是逻辑智商。有人把智商等同于智慧。错了！智商和智慧有相同的地方，比如，都是可以改变、增长或消退的。但不同的是，智商是一种理性能力，智慧更多地表现为对事物的直觉，或者说直觉能力。比如说老子，他老人家无疑是极具智慧的人，但是他的逻辑智商不一定高。

我这些年一直不敢给自己测智商，怀疑自己没有太高的智商。

我为什么怀疑自己的智商不高呢？主要来自一些这样的时刻。比如，我初中、高中或大学时，有人怼我的时候，我发现我不能马上机智、利索、俏皮地怼回去，到了当天晚上或几天以后，我才忽然想起我如果这样应对该多漂亮、多机智、多精准、多犀利啊！这时候才想起来，早干吗去了呢？每当这时候，我都特怀疑自己的智商太低，既不聪明，又不机智！再比如，初中以后，只要涉及学习成绩，我必须下苦功夫才能追上人家学霸的尾巴，说这样的人智商高，谁信呢？

不过，我不是太在乎自己智商高低。作为一个普通人，我在没生钱小能之前一直在高校当法律老师，讲课很受学生欢迎，也是青年教师里发表论文最多的人。我的朋友多，知心好友也有二三。尽管我经常丢三落四，被人骗钱，但我的生活过得也不是太差。智商根本没影响过我的工作和生活。

一个人对事物的感知度比智商更重要

有一年，我看见有机构给考上少年科技大学的学生测智商，居然发现有的人综合智商才 70 多分。同时我还看到一些机构的调查数据，在各行各业的翘楚之中，很多优秀人物的智商参差不齐，有的甚至相当之低。

我想说什么呢？一个人对事物的感知度比所谓智商重要得多！心理学者武志红先生在一个视频中讲到，各行各业的高手都有一个突出的特点：感知颗粒度非常细。即我们通常说的对事物的感觉。高手们在跌跌撞撞、摸爬滚打的成长过程中，知道自己对什么有感觉，然后经过一段时间苦心孤诣的磨炼与死磕，越发能感知到这个事物微小的发展变化，从而与这个事物建立深刻的联系，并抓住事物的本质，成为高手。

当然，你对哪个领域的感知颗粒度越细，越能抓住事物的本质，你越能驾驭它，你就越享受和它的关系，形成良性循环。我的理解是，你对哪方面感知颗粒度越细，你哪方面的智商就越高。

而你只要在哪怕一个针尖大的领域里做到极致，就可能获得机会。

逻辑智商只是智商的一小部分

大家一说到智商，大多指的是逻辑智商，也就是学科学文化知识要用到的智商。其实，这种观点并不全面。早在 1999 年，哈佛大学教育学院教授霍华德·加德纳认为人类有八项智能，分别为语言智能、逻辑智能、空间智能、运动智能、音乐智能，等等。但我认为智商分为这八个领域还远远不够，远不能穷尽人类对万事万物的感知。

我没有测过智商，不知道如今所谓的智商测试具体包含哪些内容。我认为，包含领域范围越多的智商测试越能客观地反映一个人，范围越窄，测出来的结果意义越小。然而，我们的社会总是以单一的逻辑智商来衡量每一个孩子，其他智商似乎都得给逻辑智商让位。这也是使家长焦虑的一个因素：似乎我的孩子一旦成绩不行，一切都完了。

当然不是这个样子的！有的孩子没有学习动力不一定是不努力，有的孩子竭尽全力也只能考上一所普通大学，他们主要就是逻辑智商不够好。最让人担忧的是，当整个社会都重视逻辑智商、崇拜学习成绩的时候，不擅长此道的孩子往往压力山大，不被尊重，家长和学校不能以他为荣，有的孩子甚至可能自暴自弃。

努力让孩子发现、发展自己的兴趣

我认为国家现阶段实施“双减”政策的一个重要意义在于，给学生一定的空闲时间去发现和发展自己的兴趣，去留意自己的感受，有机会找到自己的优势所在，在心里认可自己。这也要求我们家长要开阔思路，创造机会，发现自己孩子隐秘的特长所在，给他多个机会去探索和发现自己，这样才能有利于孩子的潜能发展。

我总劝大家放下成绩，很多家长觉得放下很难，最深层的原因仍然是怕孩子成绩不好就考不上好大学，考不上好大学将来找工作就竞争力差，没有好工作就没有好人生。我之所以渐渐放下成绩，有两个原因：一是我明白拥有高度逻辑智商的是少数人，多数人的逻辑智商一般，但只要不厌恶学习，持续向前，结果都不会太差。二是我看到，一个人如果人品好，不偷懒，哪怕搬砖，也是可以养活自己的。我完全能够接受将来我的孩子社会经济地位不如我。

最重要的是，当我彻底放下成绩而关注孩子其他方面的时候，没有我自以为是的安排和建议，儿子钱小能的表现比我预想的要好得多。他一定感觉天地一下子变宽了，心灵解放了，所散发的任何一方面的动力都是实实在在从他自己身上长出来的，不是父母强迫的。虽然学习没那么刻苦，却能天天摸索自己的节奏，享受自己各方面细微的进步，自由自在又动力十足，这是一个青少年非常理想的状态。说老实话，就算他智商真的低到 70 以下，我也不害怕。

第二章

学习内驱力的底层逻辑

学习内驱力的底层逻辑，是无条件的爱

读者来信

梅老师您好。我是某某杂志社记者，我们本月有一个关于孩子学习内驱力的专题，想电话采访您一下。

您曾在一篇文章中说到您这些年养育孩子过程中的内心变化："教育孩子，我经历了两次重大转变——从无条件的爱到有条件的爱，再从有条件的爱转向无条件的爱。"

能分享一下您的心路历程吗？相信一定会对很多家长有所启发。

梅老师回复

很长一段时间里，我不断思考"无条件的爱"的含义，很多念头和想法过去之后，我发现我原来的想法可能是错的。譬如，在孩子没有降生之前，我以为我对孩子的爱一定是无条件的爱。事实上，我直到现在依然无法做到对孩子无条件地爱，我只能做到无条件地爱自己！很多时候看起来是我对孩子无条件地爱，本质上则是我无条件爱自己的延伸。

然而你是否意识到，"无条件的爱"不是父母可以判定的？

一位妈妈能不能说，我给了孩子无条件的爱？不能！因为无条件的爱应该是孩子的感受，而不是父母的感受。

你可能会说：为了孩子我命都可以不要；只要孩子需要，我上刀山下火海眼都不眨……这些还不算无条件的爱吗？我的回答是：那也得看孩子的感受。

父母爱孩子的心路历程

当孩子作为一个胎儿在妈妈子宫里发育的时候，很多准妈妈开始了胎教之旅，祈祷孩子生出来千万要四肢健全，五官端正，能吃会拉，正常健康，最好能遗传到父母双方的优秀基因，聪明、俊美、可爱。

这样的期盼当然正常，但能算是对孩子无条件的爱吗？我认为如果这些可以被称作爱的话，那也是有条件的爱，属于人类的本能。试问一下，谁不清楚一个健康、聪明的孩子要比一个多病、迟钝的孩子好带呢？不妨问问自己，如果生一个嘴歪眼斜、呆傻痴笨、丑陋无比的孩子，我们能爱他多少呢？

因此从孩子一来到世上，比较就开始了。当看到自己的孩子比别人的孩子更聪明、更可爱的时候，父母心里不由自主地扬扬得意，一个声音在心里说：看哦，我生的孩子多好！我教的孩子多好！那是对孩子无条件的爱吗？那是孩子满足了自己的虚荣心。这种爱在无意中附带了很多条件。

到孩子上学的时候，当我们发现自己的孩子在学业上出类拔萃，自控力出众，是不是很容易对孩子言听计从、和颜悦色？如果孩子学业成绩落后，父母是不是容易焦虑暴躁，控制挖苦孩子，责骂孩子笨拙迟钝？

这是对孩子无条件的爱吗？肯定不是，前者的和颜悦色是孩子满足了自己的期待，后者的控制挖苦是孩子没有满足自己的期待。

“虚荣心”爆棚的妈妈

我们家一个邻居，她儿子和钱小雅同岁、同年级，我们平时见面算是点头之交。那一年小升初，应该是她的儿子跟钱小雅一样，也被海淀区某重点中学提前录取了。她抑制不住内心的骄傲，找了个机会跟我搭话。我也正开心得很呢，两个虚荣心爆棚的妈妈聊天，各自以对方的孩子为荣，互夸对方教育有方，真是皆大欢喜。于是我们就熟了。过了三年，钱小雅考上市里最好的高中，听说她儿子没考上市重点，只上了一个区重点。而我早就想好，绝不在人家面前展示优越感。没想到，那位女邻居从此不理我了，见面时她总低着头，就算我想找人家打招呼，人家却把我当成路人。我就奇怪了，孩子考到差一点的学校真的会让一个妈妈自惭形秽吗？如果这种自惭形秽转移到孩子那里，孩子会有一种什么样的感受？

当孩子到了青春期，展现不健康的自我，对父母进行攻击、对抗的时候，我们才开始重新认识自己的爱，开始觉醒，反思自己以爱出发的行为传递给孩子时，孩子会是什么感受，然后做出改变。尽管这样的改变不是出于主动，而是为了解决问题和适应孩子，也算是难能可贵了，但这也不是无条件的爱，而是被迫的调整。

真正无条件的爱是从孩子的感受出发

那么，什么才是无条件的爱呢？

我认为对孩子无条件的爱，是从孩子的感受出发，心甘情愿、不计结果、不图回报、无怨无悔地从行动到情感的付出。核心就是从孩子的感受出发，贴近孩子的心。如果做不到这一点，后面的心甘情愿、不计结果、不图回报等都是零，都没有意义。

我对自己两个孩子反思的结果是：一开始的十几年，我确定大多数时候对他们不是无条件的爱，其中目的性和虚荣心占了很大成分。

那么，我是怎么从有条件的爱转到无条件的爱的？

在学习和反思的基础上，我会想想我的童年时代，我的亲人都是怎么对我的，想想我自己的力量是从哪里来的，想想我为什么会成为一个内驱力十足的人……

我看了无数案例，看见一些好孩子是怎么一点点被废掉的，看见被父母陷在泥潭里的孩子后来是怎么挣扎上岸的……我更看见钱小雅和钱小能这些年的点滴变化。是的，随着认知的提升，我在不断地觉醒。

我渐渐发现，**无条件的爱不是从自己出发，而是从孩子出发的爱，是心甘情愿、不图回报、真正纯粹的爱。**它像一碗刚刚蒸好的白米饭，没有丝毫副作用，素净、纯洁、美好。这样的爱传导到孩子那里，可以给他高质量的滋养，它是无可比拟、至高无上的，最能让人产生向好向上的力量。它不仅催生孩子的学习内驱力，也是人整个生命内驱力的底层逻辑。

于是，在这条路上我千辛万苦地试着调整自己，最终我发现：对孩子的爱，从有条件到无条件，是一次次的觉悟，是一场旷日持久的修炼！无条件的爱，一部分来自本能，一部分来自学习和反思！

每一个自驱型孩子，都需要大大小小的胜利来支撑

读者来信

梅老师您好！我是孩子的妈妈。我家孩子从小就是个普通小孩，相貌平平，性情不温不火，是那种不招老师注意的孩子。小学时成绩中等偏上，现在上初二，成绩看来是倒数几名了。我们平时不太在意孩子的成绩，但我寻思，孩子可以成绩不行，但总该有点精神头吧。可是她整天蔫蔫的，做啥都没精神，做任何事都没有内驱力，挺让我担忧的。想请教梅老师，孩子为什么是这种情况呢？

梅老师回复

这位妈妈您好，先听我讲一个孩子的故事。

钱小能有个初中同学，是个男孩，他很长一段时间都沉迷游戏。在父母几个月的自我觉醒和努力下，孩子中考前觉醒，就像学习内驱力忽然附体一样，刻苦学习了两三个月。可能还是因为基础太薄弱，他最终没能考上高中。

孩子很受打击，本想着努力就可以取得理想的成绩，没想到是这样的结果。他不甘心，要求复读。在复读的一年中，孩子大部分时间都比较刻苦，干劲十足，父母也改变了原来的很多教育方式，一心一意为孩子助力中考。

没想到的是，孩子依然没有达到公办普通高中的分数线。

可以想象，这个青春期男孩该有多么沮丧和绝望。整个暑假，孩子几乎没有学习过，认为自己这辈子没什么希望了，他不明白为什么自己努力一年依然没有效果。他似乎又回到了原来的状态，所有时间都在苦恼和迷茫中度过。父母当然特别着急，备受煎熬，不知道怎样跟孩子说才好，生怕说错话让孩子更难受，更没希望和动力。

后来爸爸还是给孩子找到了一个民办的艺术高中，学费不低，但孩子总算有高中可上了。开学的时候，爸爸送孩子到学校时依然忐忑，怕孩子从此一蹶不振。当爸爸从学校离开的时候，孩子说了一句：放心吧，爸爸，我会好好学习的。

爸爸顿时感觉阴霾很多天的心一下子亮了。

前不久，爸爸向我反馈，孩子现在学习很带劲儿，学校第一次文化课考试，孩子得了班里第一名，非常开心，感觉自信心又回到了自己身上。

我也由衷地为这对父子高兴，经过孩子扎扎实实的努力和父母一年多的改变，孩子的学习内驱力又一次被唤醒，新的希望又回到了这个家庭，简直没有什么比这更值得祝贺的事情了！

儿子钱小能的小小进步

不久前的周末，钱小能月考完毕。

傍晚 5 点多，我正在厨房做饭，忽然看见微信跳出几行简短信息：

——妈妈，我数学考了班级第五。

——哈哈。

——你说，厉害不厉害？

他的欣喜之情简直可以溢出手机。

我赶紧说，真厉害真厉害啊！妈妈太开心了。

我也确实是为钱小能的这点儿进步高兴，因为他上学期期末数学成绩很差，这次凭自己一个月扎实的努力赶上来了。

吃晚饭的时候，钱小能继续跟我说：妈妈你不知道，你们回老家参加表姐婚礼的时候，我扁桃体发炎，嗓子疼得不行，但我仍然没有中断学习，有不会的题就发微信问我们高老师，高老师马上就给我解答了，而且解答得特别清楚，特别详细，我都明白了。考试之前，我就对这段时间学习的立体几何知识心里有底了。

吃完饭，他又站在厨房门口跟我说：妈妈，我得有计划了，不能所有科目齐头并进，我要一门一门地搞定。下一步我首先保证数学不掉队，然后要集中精力搞英语了，单词怎么突破，阅读怎么安排时间，我都想好了，先把这两门课弄好，其他科目边学边做好作业……

我睁大眼睛听他说着自己的学习计划，强忍着心底的激动，如鸡啄米一样点头，不知道怎样才可以表达心里的窃喜。

第二天我跟孩子的英语老师联系，告诉老师，钱小能说他想好好学英语了，像他这种懒惰型的普通孩子一般都是三分钟热度，拜托老师在他松懈的时候提醒他一下。结果老师说，钱小能昨天下午找过她了，老师任何时候都不会放弃有学习能力而且想学好的孩子。

这儿我需要提醒大家一句，千万别像我一样激动，以为钱小能这一次一定是爆发了前所未有的内驱力，学习态度异常端正，学习成绩要高歌猛进了……

这些年来，他从小学到初中，再到高中，学习动力总是一阵一阵的，努力的时间永远少于玩乐的时间。他近两年最常说的一句经典语录是：妈妈，生活不能只有学习，还需要有别的！

这一次跟以前很不一样的地方是，他跟我们说他的前途、他将来要干什么的次数多了，目标感更强了，好像他自己试图拨开头顶上一层一层的云雾，一点一点地接近属于他自己的目标。

作为一个旷日持久观察孩子的妈妈，我清楚地知道，那个可能最适合他的东西，那个他喜欢又有灵感的东西，那个可能伴随着他终身的热爱和理想的东西逐渐清晰，他在朝着属于他的方向前进，但这个方向绝不是我和他爸爸曾经设想过的，那个东西属于他自己。他现在微微意识到，知识性学习是通往目标的捷径，只是有时候依然克制不住娱乐的心理。

普通孩子如何爆发内驱力

一个极平凡、极普通的孩子爆发持久饱满的内驱力有多难呢?

教育路径就像万条溪流从巉岩万壑的群山中流出，历经千辛万苦汇入江河。我们改善行为，克制语言，留心每一句话的效果，疏通喷薄欲出的情绪，最后的结果是，我和钱爸爸对钱小能没有教育，或者看起来没有教育，因为出自我们的所有行为都变成了被动的、克制的，都变成了钱小能自己的行为。这种状态就是觉醒式父母的状态。

知识学习上的懒惰，得过且过，是每一个普通小孩的典型表现。作为父母，我们一般是想方设法激励他，说各种励志故事唤醒他，讲各种令人担忧的事例影射他，也不辞辛苦地催促他、帮助他、支持他。然而，有的孩子就是不吃这一套，甚至看起来“油盐不进”！历尽曲折你终于发现：最适合他的方式是父母的被动，是他进你退，他只是希望父母当一个精神上的顾问。他一天比一天渴望走他自己的路，跟你平行，甚至必须走在你的前面，你只是一个隐形的物质和精神上的支持，甚至是供一棵树成长的泥土。直到有一天，当他不需要你支持的时候，也是他作为一个独立的人面对浩瀚世界和广阔天空的时候，他的自我意识和持久饱满的内驱力才可以一起绽放，成为一个坦然的、真实的、稳定的自己。

普通孩子和天才聪明型孩子最大的区别是：**普通孩子健康饱满的自我意**

识和内驱力需要父母千辛万苦地保护、滋养和回应，天才聪明型孩子健康饱满的自我意识和内驱力在基因里就相当饱和，不去刻意破坏就可以强劲生长。

普通孩子更需要一场又一场大大小小的胜利

极少数天才聪明型孩子与生俱来地携带着早熟、自律、好学上进的基因，他总可以在学业上、在有兴趣的领域展现令人钦羡的胜利和荣耀，拦都拦不住；普通型孩子的生命里，本能总是占上风，好逸恶劳、得过且过的本我总会打败自律上进的超我，他既需要父母持续的滋养和呵护，又不能过分侵入他的个人领地。他需要一场又一场大大小小的胜利来肯定自己，进而生长出根深蒂固的自信。

这个胜利不一定是学习成绩，比如体育、唱歌、手工之类都可以。孩子学习成绩的突破可以不是语数英这些主科，可以是副科，不能让孩子对哪一门课都感到绝望，觉得哪一个方向的门和窗都对他封得严严的、死死的。孩子还没学会从长远和大局思考自己的未来，因此需要家长给予帮助，给孩子满满的爱，持续滋养他的自我意识，有一天他才会迸发出蓬勃的生命力，去实现自我，把来自外界的自信变成骨子里的自信，这样孩子离自驱成长就不远了！

因此，一个孩子绝不是忽然就有强劲饱满的内驱力的。普通孩子必须不停地解决内在矛盾，在内心与现实的无数次冲突碰撞中，在反复的躁狂不安中，不断从痴念妄想里回归现实。

这是一个千锤百炼的过程！唯有如此，孩子的自我意识和人格发展才会变得扎实、强大，整个人才有力量，有韧性！

学习内驱力没有上来，“鸡娃”最多到中考吧

读者来信

梅老师您好。没有棘手的事我也不会这么晚打扰您。我想了，今晚再不跟您聊聊，可能又要一晚上失眠了。对儿子，我现在真是山穷水尽、束手无策了。

我儿子小学时乖巧聪明，对我们的安排和学习规划来者不拒，十分听话。初中以后，接触到平板电脑是一个重要转折点。其实，当时我的初衷并无不妥：孩子用平板电脑开阔视野、长点见识，还可以调节紧张的学习情绪。没想到的是，随着时间的推移，孩子几乎把所有的精力和智力都用在跟我们争夺平板电脑上了。当获知孩子的学习成绩一落千丈、一塌糊涂时，平板电脑彻底被我们收回，孩子也一天比一天不服管教。

初中三年，家里摔碎了 3 个平板电脑，踢坏了 3 把椅子，每个房间的门都伤痕累累。孩子后来勉强上了一个普通高中，由于学校氛围不好，孩子从高一开始就没有任何学习动力了。

万般无奈之下，我们做主通过留学中介将孩子送到国外学习。初到国外的新鲜劲的确让他振作了一段时间，我们还想，看来儿子换个环境真的会有改变啊！

但是很快，因为语言不过关和学业基础薄弱，孩子再度陷入迷

茫。在国外学了几年后学业无成，不得已又回了国。

他回国后，我们一家人又开始愁云惨雾。儿子说他上学上够了，想跟朋友一起创业。创业两三次均告失败后，他现在天天在家里闷着，不上班，也不再尝试创业了。

目前，我和孩子爸爸仍然觉得上大学才是一个人安身立命的基础，还是想说服孩子去上个大学。可孩子说自己都二十出头了，根本不想再考大学。孩子也没有什么爱好。我们现在真的没有什么好办法，感觉走投无路了。

梅老师回复

这位妈妈，不知道您想过没有，孩子从小发展到这一步，是有个清晰的逻辑的。

这个逻辑是什么呢？在小学和小学之前，性格内向的孩子习惯了来自妈妈的管理和安排，报补习班，学各种才艺，都是爸爸妈妈说了算。头脑被别人的意志占据，个体缺乏自我感受，孩子意识不到自己到底是个什么样的人，喜欢什么？厌恶什么？擅长什么？不擅长什么？孩子也不知道自己的能力和价值到底在哪里，饱满的生命动力没有发展出来！这是一个空心的、缺乏内驱力的孩子，他的内心没有力量，空虚、迷茫。

父母持续“鸡娃”的内在原因

您跟我一样，也属于读书改变命运的一代，非常自信，总是认为目前的自己活得很好，生活很幸福，按自己走过的路给孩子设计未来准没错，于是按照自己的设计持续、拼命地“鸡娃”。没想到孩子和我们是不一样的，时代和环境也早就发生了巨大变化，家长反而因缺乏持续学习，想不到需要变通，或者不知道如何变通。

如果要我说怎么办，只有一招——不再安排和指挥孩子应该这样、应该那样，而是增加一点对教育的敬畏。可以向孩子坦陈自己教育的无能和现在的困局，该道歉的地方向孩子道歉，也不要先逼着他上大学或马上工作了，先让他沉淀一段时间，从容地感受自己，补上自我认知、自我评价这一课。与此同时，家长自己也要多学习家庭教育，只有你不断进步、变得越来越好，才能因势利导，从而影响孩子的未来。

持续“鸡娃”的有效期

我在网上看到这样一段话：“可以断言，内驱力没有上来的孩子，父母最多也就‘鸡娃’到中考吧，高考就别想了。为什么呢？因为以后的科目越来越多，九门功课火力全开，内容也越来越难。并且，知识更新换代快，三年一个时代，再厉害的父母也无法一直贴身陪伴到高中。到了后面的阶段，如果孩子的状态还是算盘上的珠子——推一推，动一动，不推就不动，那估计只能自求多福了。”

我认为这个作者很有智慧，看得很透！持续“鸡娃”下的学习，以不断重复、机械记忆为主，只能解决简单、直接的问题，比如用题海战术来应对中小学考试。当面对真正的难题，结合实际生活中复杂的任务，需要整合资源和知识、需要深度思考、需要发挥创造力来完成的时候，没有内驱力的孩子会表现得非常糟糕。你可以逼迫一个人的身体，但是你逼迫不了他的脑子。

我看过无数案例：在小学时被父母紧紧盯着考出好成绩的孩子，中学住校后成绩往往急转直下；许多在中学时被父母紧盯的孩子，大学住校后往往沉迷于网络，荒废学业；还有不少考上各类名校的孩子，等到再没有成绩这一项激励时，就开始陷入人生的虚无和迷茫。这就是长期活在外驱力的压迫中，自我意识、个体精神内核没有得到良好发展，缺乏生命内驱力的孩子。

钱小能的英语从小学二年级到四年级都是我在家三年如一日地陪伴学习的，效果很好，他也打下了良好的英语基础。

我无数次反思这件事，那时候学习效果好有两大原因：一是他年龄小，服从教导；二是我讲究方法，贴着他的心，感受他的情绪和喜怒哀乐，然后不断调整方法。到了中学，如果再用同样的教育方法，效果肯定会不一样了。如果我经常说：“钱小能，咱该学英语了啊！”他一定激烈地回答我：“我本来是想着我该学英语了，可是被你这么一说，我又不想学了！”为什么会这样？每个孩子都不想被别人安排和控制，哪怕是父母也不行！尤其是当青春期到来的时候，孩子会本能地抗拒别人强迫他做的事情，哪怕这件事原本是他想做的。

长期“鸡娃”对孩子大脑的损伤巨大

美国著名脑神经科学家用大量实验证明：长期处于被“鸡娃”状态的孩子，他们承受的压力对大脑的损伤巨大。《孩子是如何学习的》（约翰·霍特著）和《学习的科学》（布拉德利·布什、爱德华·沃森著）这两本书对此问题的阐述非常清晰：

1. 让孩子处于健康快乐的状态中学习更有效。

2. 在游戏式、体验式、探究式、项目式、哲学对话式的学习中，孩子解决问题的能力明显强大，且此能力能够迁移到考试之中。

3. 让孩子在学有余力的状态下学习，学习效果最好。

目前这种不停地刷题、补习，没有运动，没有休闲，甚至没有足够睡眠的“鸡娃”模式，应该是最低效、最痛苦的。

一心扑在孩子身上，持续大力度地“鸡娃”是大多数家长的常态，寸步不离地盯着孩子，事无巨细地指导孩子。殊不知这样密不透风的“爱”，看似完美地为孩子的成长保驾护航，却在无形中削弱和破坏了孩子内驱力生长的土壤——自我觉察和自我感受。

当你彻底放下成绩，才是孩子学习内驱力全面复苏的开始

读者来信

我家孩子刚上初一，我是孩子的妈妈，最近有些焦虑。孩子有爱心，乐于助人，是个小暖男，但是感觉他学习没有方法，成绩中等偏下，尤其是英语比较落后。给他指出一条提升成绩的路，帮他制订学习计划，他像没听到一样，该怎样还怎样。大声说他几句，他更是充耳不闻，学习上依然被动，好像在有意怠工。真是让人闹心、焦虑不已。他聪明但不会精益求精，无法踏实地从一点一滴做起，不愿总结、整理错题。背诵快，忘记也快，又不爱重复记忆，找不到真正学习的那份热情。该怎么办呢？

梅老师回复

看到这位妈妈的来信，我既感到欣慰，又感到遗憾。欣慰的是我认为她的孩子发展得正常而健康，遗憾的是她看不到孩子这些品质的意义，不明白踏实不属于孩子的天性范畴，整理总结能力和重复记忆不是孩子所喜欢和擅长的，孩子的大脑还没有发育到那一步。然而，家长大都无法从关注孩子成绩的执念中走出来。

在我看来，如果父母能摆正心态、开阔思路，这些所谓成绩中等偏下的

孩子，他们的发展同样不可限量。

放下对成绩的执念，孩子的学习内驱力全面复苏

我们家钱小能可以作为成绩中下孩子的典型代表，我还是以钱小能为例来现身说法吧。

细细回想起来，钱小能学习内驱力的全面复苏，是从我彻底放下关注他的成绩那天开始的。当然，这个复苏的过程非常漫长，两个月甚至一个学期都没有明显起色。

后来，当我看见这个高一阶段一会儿振作一会儿摆烂、大多数时间都吊儿郎当的孩子，在高二开学两个多月来，虽然偶尔抱怨学习有点难，但丝毫不妨碍他兴致勃勃地跟数学死磕，毫不气馁地钻研困住他的各科难题；他品行正直，字迹娟秀，理解事物深刻而独到，对前途充满希望，每天享受有一点点进步的成就感……真的，我的幸福感无法言喻。我经常在心里说：感谢上天的指引，这几年我总算基本都做对了！

不过，一说起放下成绩这件事，有人会质疑：梅老师，你们家条件不错，你们放得起。我想说，我和钱爸爸作为靠成绩改变命运的一代，像大多数知识型父母一样，一开始对孩子的成绩也是很在意的，钱小雅和钱小能都见证过我对成绩的执念有多丑陋和执拗。钱小雅初中成绩起伏大的时候，我焦虑得抓狂，有时也训斥她；钱小能五年级时的一个大雪天，他考得差还跟我咆哮，结果光着脚被我拉到外面受冻罚站。我也曾经恶狠狠地打击钱小能说，我就是瞧不起成绩差的小孩儿！这俩孩子那时一定都感觉到：妈妈的爱是有条件的，而且条件特别苛刻。

那时候我和很多家长一样，整天关注孩子的成绩，心情很少平静，经常被焦虑的心态所绑架，感觉特别痛苦。不断学习和反思的同时，有一天我问自己：对一个人来说，成绩和品性哪个更重要？一个成绩不好但可以自食其

力的人难道活得没有价值吗？……类似的问题我经常琢磨，慢慢地，从某一天开始，我放下了成绩，把自己变成了一个真正的妈妈。

我变成了一个真正的妈妈

以前，我是一个拥有多重身份的人，妈妈只是这个整体身份的一小部分，我可能无意中把自己变为孩子的老师、孩子的班主任、孩子的领导、孩子的招聘官、孩子的教练、孩子的监工……当然也有妈妈。

现在，大部分时间我只把一个妈妈该做的做好，守住一个妈妈的界限，孩子成绩的起伏不会在我心里掀起多大的波澜。

比如，每天做饭的时候，我想着孩子爱吃什么，如何搭配可以美味又营养。尽管时间宝贵，我也心甘情愿地把自己沉浸在柴米油盐的生活日常里。

比如，孩子晚上看剧，第二天晚起，他歉疚地说，妈妈，我想多睡一会儿，您能跟我们老师请个假吗？我二话不说就答应，替他请假，再去干我的事，一直等他睡够。钱爸爸每次看到我这样做，都用恨铁不成钢的眼神蔑视我。我也不跟他多解释，回他一个眼神：你不懂！

比如，秋冬的好天气，我几乎天天把孩子的被子放在太阳下晒一晒，就是想让他们晚上睡觉时可以闻到阳光的味道，安然进入梦乡。

比如，孩子每看完一部电影（如《肖申克的救赎》），都会跟我谈这部电影为什么经典，哪里打动了他，我都能双目闪闪、无限崇拜、无限投入地回应他，尽管我比他知道的多得多。

比如，钱小能的手机被摔坏了，当天晚上我就跟钱爸爸说，我得尽快给钱小能换个手机。钱爸爸说，你这就是溺爱啊！我说，你不懂，我是一个妈妈，只要我能做到，我就是想让我的孩子每天都开开心心。

…………

就这样，一天又一天，一月又一月，我每天都享受做一个真正妈妈的滋味。我想，这种滋味传达到孩子那里，就是我们吃那些不施加任何农药和化学物质的蔬菜水果的滋味，甘美、纯粹，不过于甜腻，也不过于清淡。

如果有人问我，爱的艺术是什么？我想说，就是一个真正的妈妈，心甘情愿地贴近孩子的心，心甘情愿地做她该做的事……慢慢地，所有该做的事都会变成妈妈想做的事，无条件的爱也就水到渠成。

当我成为一个真正的妈妈时，我脑子里、心里几乎不再有成绩名次、延迟满足、原生家庭、无条件的爱等之类的话题，什么都没有，像一种全然的放空状态。

当一个妈妈的内在发生蜕变时，孩子的内在也在悄无声息地蜕变，只不过在向好向善的生命内驱力复苏的过程中，孩子柔软的心比我们更细腻、更敏锐，到后来，孩子会完全超出我们的期待！

再回到“放下成绩”这个话题。

放下成绩和无条件的爱一样，不是我此刻说这样好，你就能马上放下、马上做到的，这是一个曲折的过程。这些年，我内心的变化跟钱小能卸载手机游戏一样，一段时间很顺利，有时候又死灰复燃，陷入焦虑。只不过随着时间的推移，在每一天的琐细生活中自省，能量悄然提升，思想从局促走向自由，视野开阔，内在力量一点点强大，爱自然外溢。

这是生命的返璞归真，也是抵达爱与自由的过程！

我好好学习，就是想让爸爸妈妈高兴

读者来信

梅阿姨，您好！我是一位正在上初三的男生，很快就要中考了。我从小跟着爸爸听评书，听妈妈讲故事长大，超级喜欢语文和历史，不大喜欢数理化。不过，我近几个月有一点困惑。

还是先说下我的家庭情况吧。

我们住在深圳一个很偏僻的小区，爸爸妈妈都是底层普通人，不过，我感觉我们家是我见过的最幸福的家庭。爸爸妈妈很爱我，我也爱他们。从上小学起，爸爸妈妈从不逼着我学习，也不抱怨自己挣钱辛苦，爸爸接送我上下学，妈妈想尽办法给我做好吃的，关心我的心情。如果我说到学习上的难处，妈妈会很愧疚，有时会急得掉泪，她埋怨自己无法帮忙。就算我考得再差，爸爸妈妈都说比他们上学时强得多，他们已经很骄傲了。

最近几个月，我像忽然开窍了一样，对学习几乎到了拼命和渴望的状态，连化学和物理我都觉得可以学好。我每天晚上像吸水的大海绵一样努力学习，经常是计划中的任务还没有完成就到睡觉时间了，想多学，又怕影响第二天的精力。我疑惑的是，我的学习动力很奇怪，我明明不喜欢物理，觉得没什么意思，但我好像憋着一口气，要为我父母而学。我想考一个好高中，让爸爸妈妈开心，让他们为我骄傲，因为我爱他们。可是您在书里和文章中经常说，学习动力只有发自内心才会持久，将来才会有很好的发展。那我这不是内驱力啊，我这是外驱力，是父母的爱驱使我好好学习。这种力量是不是我一中考完就消失了呢？我很担心。我渴望有一种长期的力量，譬如您在文章中说的自主性、胜任感、好奇心、探索欲等，那才是持久的力量啊。请问阿姨，您能给我解惑吗？

梅老师回复

孩子，看完你的叙述，我心里既感动又激动，费了好大劲儿才平静下来思考你说的问题。如果我认识你的爸爸妈妈，我会立刻给他们发个信息，夸赞他们太有福气了，居然拥有一个这样成熟而理智的好孩子！

你肯定想不到，你的困惑正好触及我近来的思考。

做重要而无趣的事是一个人成熟的标志

近年来，包括我在内的绝大部分教育工作者，都在倡导人只有做自己喜欢的事和有兴趣的事才可以做得尽善尽美，才会有内驱力。反之，如果所做的事不是自己喜欢的，那做不好是理所应当的。

随着对个人成长的持续探索，我看见和思考的结果并非如此。无数人做自己喜欢的事一样做不好，也有无数人把不喜欢的事做到了极致。

你听说过吗？钱学森先生中学的数学老师认为钱学森在数学领域很有天赋，希望他报考数学系；国文老师认为他写的文章很好，希望他报考中文系；他母亲则希望他子承父业，从事教育行业；而音乐、美术老师认为钱学森在艺术上有天赋，建议他去学作曲、学画画。而他本人最热爱的是研究古典诗词。

然而，纵观钱学森先生的一生，有五次重大的人生选择，每次选择他都将生命志向与民族、国家的前途命运紧密相连，每次都可以做到极致。

你看，在每个人生阶段，做重要而无趣的事，无疑是一个人成熟的标志！

做好每个人生阶段该做的事

当然在和平时代，当面临志向选择时，选择自己最钟爱的事情做起来更有动力。而把自己该做的事情做好，才能为以后的人生选择打下坚实的基础。

拿我自己来说吧。我高一时曾因自己成绩排名突降萌生了辍学回家写作的念头，经过一番小折腾，我幡然醒悟，认为好好上学才是对我前途最有利的选择，后来我就拼尽全力把学习这件事做好。

毕业后我当了大学老师，被评为青年十佳教师，我带的班级也被评为区优秀集体。后来当专业杂志编辑、记者，我一样可以在短时间内把工作做好。

可以说，高中时，刻苦学习不是我的最爱，我最爱的是看小说。上面几项工作也不是我当时的最爱，我的最爱是随心所欲地读书、写作和旅游。

人生路有点像春日早晨六七点钟的霞光，有无数条通往未来，但在今天的我看来，对于大多数人来说，只有一条路，一条最远也是最近的路，就是做好每一个人生阶段该做的事。譬如求学时代，就把学习这个主业做好；走入社会了，就把能安身立命的工作做好……所谓做好，就是肯花时间，舍得代价，用心，努力。做好了该做的，才有力量追求理想。先脚踏实地，然后才能仰望星空。

孩子，回到你这里，无论你刻苦学习的动机是什么，你做的都是当下最正确的选择，这是你成熟的标志！

人是关系的动物，也是联结的动物

《内在动机》一书的作者爱德华·L. 德西先生曾大力研究过什么样的环境和条件会激发或损害人的内在动机。他发现每个人都有三种最基本的心理需求：自主、胜任和联结。在整本书里，作者几乎都是在论述只有满足自主的需求，才能让人全心全意地投入某件事情，而联结的需求他几乎一笔带过。

当然，我不反对，如果一个人所做的事情是发自内心的选择，并且他能够胜任，确实比在外力控制下更有主动性。

通过这些年来的观察和实践，我认为，**对绝大多数普通人而言，联结，即人与周围世界的关系，对内在动机的促进作用跟自主和胜任一样强大。**甚至我认为，人是关系的动物，人是联结的动物。

2017—2019 年，我曾在当时非常火的某写作平台写文章，毫不夸张地说，我是人气最旺的少数作者之一。随意打开当时的一篇文章，都可以看到许多真诚的评论和赞美，我还曾专门为此发文，表示由衷的感谢。我认为，除了写作是我当时的自主决定和有胜任感，那些素不相识的读者的支持和鼓励，也是推动我写作的巨大动力，这种动力甚至超过前两者。我也亲眼看见一些有才华的作者在籍籍无名中销声匿迹，更有无数喜欢写作的人坚持更新数月后，因为无人看见而与写作这件事悄然作别。

你看，关系和联结何其重要！**联结会产生强大的责任感和使命感。**

回到你这里，我认为，父母对你无条件的爱，父母眼里每天能看见你，你和他们建立的深厚感情，这种深深的联结感是你此时刻苦学习的巨大动力源泉。在爱德华·L. 德西先生看来，这也一定是你的内在动机之一，只是跟自主和胜任相比，他似乎不太看重这种动机。

相信我，孩子！你不必担心你的学习动力稍纵即逝，你与父母深厚的感情，你与这个世界建立的密切关系，不但会永远地推动你前行，更能够给你带来源源不断的幸福！

看见这个男孩的改变，我激动了

读者来信

梅老师您好！我儿子13岁，初二。他从小活泼好动，睡眠少，幼儿园时期除了经常感冒，其他方面都挺好的。我下班后陪他玩、给他读绘本。小学时，同学关系不错，师生关系也好，只是数学学习差一点。上了初中后，有新朋友嘲笑他数学成绩差，当时两人绝交，有过短暂情绪。经常抱怨班主任严格、不公平，以及数学老师爱开他的玩笑，但觉得其他老师还可以。初中学业压力大，经常回家抱怨没有课余时间可以玩。

从去年9月开始，孩子基本不去学校了，每天在家玩游戏、睡觉。我认为孩子不去学校的原因有三：一是不自由，没有课余时间，作业多，经常写到很晚，有时写到晚上12点以后；二是数学成绩不见起色；三是觉得老师对成绩好和成绩差的学生区别对待，他认为不公平。

孩子上小学前个性开朗，感觉没心没肺，情绪容易激动；上初中后有些敏感，不如以前自信开朗。孩子和我关系不错，和爸爸关系一般，爸爸容易简单粗暴，两人之间时有冲突。

我们非常担心孩子，担忧他的未来，却不知道该怎么办。

这是一位来自深圳的妈妈。收到她第一封邮件的时候，已经是半年前了。

这位妈妈加了我微信后，又补充道：

我还想起来一点，他不去学校之前，驼背现象很厉害，不去学校之后，驼背现象好一些了。国庆节时和同学们一起玩，感觉他闷闷不乐的，也不愿意去和别人玩，以前他很喜欢和别人玩。

我和爸爸之前想了很多办法，后来感觉还是没有效果，就决定尊重孩子，让他自由一段时间。我们都是正常上下班，孩子一个人在家，他在家主要做的事情就是打游戏、玩手机、睡觉。因为白天没人管他，他一般会睡到中午，起来吃点东西，在傍晚的时候吃我给他准备的午饭。

我们家长该干吗干吗，晚上在家里做做运动，侧面吸引他参与，等他觉得歇得差不多了，再加以引导。

我看了来信内容后，仍然觉得陈述太笼统，于是让这位妈妈给我描述孩子两整天在家的详细情况（用大人、孩子的原话），并让妈妈拍了孩子玩游戏时的视频给我看，主要是观察孩子的精神状态。之后，我和这位妈妈开始了长达一年多的互动、交流，整个过程如下。

梅老师回复

综合了解你们家庭和孩子的情况之后，我目前得出的结论是：父母这段时间做的基本是对的，孩子还是在向好发展。

至于后续该怎么做，我有如下几个建议：

第一阶段，我建议继续更彻底地让孩子在家里休养生息。

第二阶段，孩子继续休养生息，父母也进一步提升自己，做好自己的工作，活出自己的精神状态，对教育保持觉醒的状态，同时关心、关爱孩子。

…………

不久，妈妈给我发微信：

梅老师，孩子现在有点儿想上网课了，真好。我的主要问题是：感觉上网课是个时机，毕竟是这段时间里第一次重启学习，但我又怕自己心急，又怕啥也不做会错失这个时机。想请您有空指导一下我该如何做。

我一看急了，回复有点粗暴：这一段时间内你的心不能放在孩子的学习上，什么时机不时机的，好好想想我上次电话里是怎么和你说的。

妈妈瞬间明白了，继续让孩子休养生息，同时把心思主要放在自己身上，保持觉醒状态。

过了一段时间，一个寒假过后，妈妈给我发信息：

梅老师，您好。下周二开学。孩子一直以来还是玩电脑、手机，作息也不规律，不出门，甚至过年期间也没有和我们一起回老家，他一个人在家待了两周。我们平时除了管好吃饭，其他啥也做不了，也感觉影响不了他什么。他的性格温和多了，吃饭时会和我们说几句话——虽然变化不大，但我觉得孩子的情况是在变好的。前几天我忍不住问了下他知道什么时候开学吗，他说不知道。我说 14 号。他的情绪马上很低落，10 多分钟不说话，还哭了一小会。后来他让我离开他房间，再后来看他出来上厕所就正常了。寒假作业他一个字也没写。对于他开学怎么样我心里没底。以前和朋友约出门他不肯去，昨天晚上他答应和我们一起去和朋友吃饭，要求 20 点前一定回家，我们同意了，想着他肯出去就是好的。

二月份时，妈妈又给我发信息：

我一直觉得孩子没啥大问题，但又觉得问题大（不出房间、不出门、不洗澡），还没发现孩子自己想出来的迹象。他性格温和了，但不能多谈什么，还不见明显变好。找您也是倾诉自己的焦虑，我觉得这段时间自己成长太慢，还是得自己先跨过去，还有就是克服自己老想推动孩子的心。您指导的大方向我一直记得。

我说：嗯，这一点很棒，太棒了！孩子性格变温和了，这是进步。

妈妈又说到她此时的疑惑：

那我现在提个问题，我这样是不是太不作为了？没有给孩子好的影响。还有孩子开学时，我自己要做什么心理建设吗？孩子那边我要做什么吗？

我说：慢慢地，一方面孩子能增强他内在的力量，另一方面也需要让他明白，他这一生是由他个人负责的，父母不能包办一辈子。和孩子吃晚饭聊天时，父母还是要下点功夫。一方面对自己进行心理建设，一方面要想怎么在吃晚饭这个时间尽量多聊天，白天可以提前想一想有哪些话题能更好地聊下去，而且比较自然。每天都要想，随时调整。这是件非常需要动脑子的事，很考验父母，尤其是你自己。没办法，一切都是为了自己的孩子。

妈妈说：

好的，我想想，的确就这么一个难得的交流机会，得有些含金量！

我说：也不要完全不给孩子压力，生活上最好给点压力，比如让他帮你忙，洗碗、擦地、洗自己的衣服，以及做做其他家务，等等。

妈妈说：

好的，这点我也注意起来。

又过了几天，妈妈反馈：

梅老师，您好，我给您反馈下孩子最近的情况。

孩子学校要求本周二返校，他没去，我们的鼓励失败。周三正式开学，他也没有去，我表态支持他的决定。周三晚上他要求我周四、周五请两天假陪他，也不需要我陪着他干啥，只需要我在家。我觉得既然孩子需要我，就同意了。我提起电子产品，说我们需要找时间谈一谈，他说“嗯”（未抵触）。我说周六我们打算陪外公、外婆去公园，他最终也同意（不知道明天是否有变故）。

但是，当我说起老师让我转告他，希望他回学校这件事的时候，他马上喊停，不让我提。

我的整体感觉是孩子在和我亲近，又开始信任我、依赖我，说话多了，笑容多了，目光稍微转向现实世界一点点了。

饭桌上聊天的话题我想了几天，都没有想出很合适的话题，请您指点指点。

我的回复是：你的判断正确。孩子在往现实世界靠拢。你先沉住气，不要再提上学的事。这段时间很关键，更多地关心和贴心他就好了。想不出话题？游戏不就是个好话题嘛。一个话题不要期待说多久，主要目的是多聊天、多互动。

当天晚上妈妈又留言：

刚才班主任打电话，约我们下周一（最好孩子也去，不过不强求）去一趟学校，看看怎么解决孩子上学的问题。我想鼓励孩子积极去面对，表态会支持他，但也不强迫他，这样行吗？吃晚饭时的聊天一直有，就是感觉没啥含金量，我总想着要给他一点潜移默化的影响之类。

我的回复是：孩子现在还没有足够的力量去直面上学这件事，他还需要积累能量。我要是你，就不折腾他，甚至可以跟他说，不上学就不上学了，想学了再去，想学了什么时候去学都不晚。但你也还不具备我这样的心理能量，你先照你想的试试吧。

妈妈说：

是的，我自问目前还做不到跟他说不去上学，说出来自己都觉得假。我继续按自己的想法来试试，感谢。

又过了些天，妈妈给我发信息：

梅老师，下午好！我儿子最近仍然在家，不过亲子关系恢复得不错，一些话题可以聊了。最近他说想转学，但我感觉转学只是他想逃避的一种方式。谈到学校的情况，他一次只说一点零碎的，例如学校管指甲、管头发，自己担心中考考不好，老师眼神严厉、对他贴“人品不好”的标签等。我想再多问，感觉他就不想再说，应该是触碰到了他的伤心处。

最近我意识到，我低估了以前在学校发生的事情对孩子造成的影响。我们继续在家里做努力的同时，我也想从师生关系方面做点工作。

我今天发信息给老师，意思是想到学校聊一聊，了解下孩子在学校里到底发生过什么，也看看怎么解开孩子的心结，以及了解一些考试政策。（不过我会保护好孩子的，我现在不急于让孩子回学校）

我的真实想法呢，目前是多了解情况，寻求老师的帮助，看看怎么帮孩子解开心结。就算最后学校解决不了，我也得去，我要弥补以前孩子在学校面对语言伤害时，我没有出面支持孩子的错误，我要让孩子感受到妈妈的支持。当然，具体该如何和老师沟通，也希望您帮忙指点一下，看看我的整体思路有没有问题。从内心来说，我还希望做错的老师能给孩子道个歉。这个我打算先不说，先看看学校方面是怎样的态度。

我给妈妈回复：方向正确！其实孩子心里是差一个道歉的。当然要做到这点不容易，这也是我们做妈妈保护孩子的难处。

注意看，下面是妈妈最近给我发的信息：

梅老师，孩子今天有点变化，我说给您听。我昨天跟他说我要做一件事，我要去学校，问问老师，我们好好的孩子变成这样，学校没有一点责任吗？他说算了。我说不行，我也不是为你去，我是为我自己，我是为了弥补我以前没能支持自己孩子的错误。例如，某同学在六年级时欺负你，我没有给你一点保护。他有点激动。

我儿子还对我一个人去学校不放心，说让我等他爸爸回来一起去。我说我没问题的。

然后，今天早上，我儿子6点喊我起床做饭，说吃了饭出门散步。他主动帮我做饭，还主动收自己房间的垃圾，饭前洗手，坐下吃了一口饭又不吃了，说要先刷牙。

这些都是新变化，让我很惊讶。

所以您说差孩子一个道歉，我认为是的，不然我昨天的做法不会有这么大的效果。这让我更坚定要去一趟学校了。

我去学校好好沟通，希望欺负孩子的某同学以及对孩子不公平的老师能给孩子一个道歉。我会注意措辞，我不想纠缠谁对谁错，也不是兴师问罪，也不会说我孩子敏感，我就是希望学校帮助我一起解开孩子的心结。

我回复：非常棒！你做得很好！我好激动！你看，一位妈妈做对了，她的真诚孩子一定可以感受到！孩子一直在向好，因为你们的大方向是正确的。

妈妈说：

谢谢梅老师！如果当面看到您，我肯定要哭了。这段时间我头发都白了好多，但我感觉一切都值得！

是的，这位妈妈哭了！与此同时，我也止不住热泪滚滚，因为我能对她这一年多的煎熬、痛苦、勉力改变感同身受，能为她一点一点的成熟和勇气的积累而叹赏，更为孩子心理能量从量变到质变喜极而泣。

爱是克己，爱是忍耐煎熬，爱是自我提升，爱是持续思考和改变。

当你看见一朵培养很久的花含苞待放，一根养护了很久的小草萌发生机，你也会跟这位妈妈拥有同样的感受。这些都需要爱的浇灌，需要觉醒的力量。

第三章

适合自己的
学习方法最有效

以自我为中心的学习，是自驱型孩子的主要学习方式

读者来信

梅老师，您好！我叫辰辰，是一位来自北京的大一女生。那天，看了您一篇关于“自主意识”的文章后，特别有感触，很想跟您分享一下我高中时的一段经历。

从小到大，我都是很乖很听话的“好学生”。小学到初中这一阶段，我学习成绩很好。中考时，我考上了一所离家不远的重点高中。

高一时，我还是很乖，属于普通班里中规中矩的学生，课前预习，上课记笔记，课后完成作业并复习。我理科不好，成绩中等偏下。高二没有选科之前，对于我来说，数学、物理等学科的作业太难了，而我理解慢，基础也不扎实，需要补充中低难度的练习。我和老师说过好几次，想选择性听课，并且想更换一些作业资料。老师不同意，建议我先跟着大部队走，说如果班里这样的学生多起来，她就不好管理了。

高二下学期，每个班都进入复习阶段，作业量特别大。每天这个老师刚走，另一个老师又来了，有的老师直接给我们发卷子，有的老师让我们回家打印卷子，每天都做不完。学校要求我们紧跟老师的节奏，上课认真听讲、认真完成作业……我努力这样做了，然而成绩并没有一点点提升。

尤其让我痛苦的是，我知道自己学习上薄弱的地方，但没有自主时间来安排。比如，我昨天晚上刚复习了高二第一册的英语单词，按照遗忘规律，今天早自习需要赶快复习一下，否则很快就忘。但如果老师规定今天是语文早自习，或者统一默写数学公式，那我就没有选择了……

再比如，我刚复习完一个数学单元，已经做了很多题，来不及整理，晚自习时想要把那些题目好好思考、整理一下，但老师又发了几张新的试卷要做。

就这样，我一直学得很被动，成绩也不理想。

后来有一次我生病了，不能去学校，爸爸就鼓励我在家自学试试。

没想到，在这一个月自主安排学习的时间里，我学得非常充实，得心应手。后来学校考试，我居然考了高中以来最好的分数。我自己分析原因，因为终于能够按照自己的节奏把落下的、没听懂的课学会了，学习效率比以前高很多。

可是，等到病彻底好了回学校以后，我又进入那种身不由己的节奏里，我的成绩很快被打回原样。

于是，我就思考：为什么同样是学习，我原来在课上认真听讲，课后认真完成作业，却没有取得很好的学习效果，而我在家里自主安排学习时间，却很快可以提高成绩？那么，我一定更适合这种自主安排的学习方式。

于是，我不再跟老师沟通，而是先跟我父母，尤其是我爸爸详细地讲了我的想法和打算。我爸听了以后特别兴奋，说我开窍了，遇到问题懂得思考和变通，说我很聪明。

接下来，我为自己制订了下一个阶段的学习计划。

每天晚自习，我先整体浏览一下老师布置的作业，判断其中哪些作业不适合我，对我来说是没有意义的。对老师布置的作业采取“分层处理”的技巧，大部分题目看而不做，小部分题目动手做完并深入理解后，整理到我自己的笔记本上。

高三第一轮总复习结束后，老师发了海量的练习题作为复习手段，但我选择回顾自己整理的笔记，不以老师布置的练习题为中心，而以我自己整理的知识点与思维导图为中心。

在课堂上，我有时会非常认真地听课，有时又会完全不听课，选择自己看书或写作业。

我有时看课本，有时看老师发下来的资料，有时又会把课本和资料扔到一边，学习我自己从网上购买的教辅。

在高三总复习后的那段时间，我制订计划进行地理学科的集中冲刺，将所有地理题型按照结构化方式整理，深入挖掘其内在逻辑，做到透彻理解。

为了达到这个目的，在同一时间内，我将语文、英语、数学等学科的学习时间压缩到最短，仅仅保证上课听讲和完成作业，有些甚至连作业都没有全部完成。

而在另一段时间里，我会选择进行英语阅读理解的集中冲刺，在几天或一两周的时间里高强度地大量练习，这样在其他学科上的学习时间就会减少，但这个减少是我主动进行的。

这样学习到高三下学期，我觉得我对高考有几分自信了，甚至有点盼望高考的到来。但又想，这样飘的感觉不好，我重新花一晚上时间调整了自己的复习计划，接下来，一直到高考，我每一天都过得很充实。

不出所料，高考我考出了高一、高二时想都不敢想的成绩，被一所重点大学录取。

现在大一，有大量的时间可以自由支配，我正好可以全盘规划自己的学习和生活，比起高中那两年，我感觉现在得心应手多了，每天都过得很充实、很欢喜。

就讲这么多，谢谢梅老师给我分享的机会，也盼望您的分析和指导！

梅老师回复

辰辰，你好！看完你的来信，我眼前马上浮现出一个很有头脑的聪明女孩的形象。谢谢你的分享！

以自我为中心的学习方式

我想告诉你的是，你这种以自我为中心的学习方式并不孤独，我接触的很多成绩突出的孩子，他们基本上也是像你这样学习的：积极主动，动力十足，理性判断、选择、归纳、构建、创造。

我这些年观察很多孩子的学习状态后发现，那些完全跟随学校老师的节奏而没有自我规划的孩子，是很难取得好成绩的。我女儿钱小雅和儿子钱小能也都是这样在初中或高中逐渐学会自我规划、自主学习的，只不过他俩的过程没有你这么曲折，他们一般是上课跟随老师的节奏，课后有自己的节奏。

我经常思考教育，在我国绝大多数地区，目前还是以学校和老师为中心的教学模式，这种模式的局限是不够灵活自主，部分学生的学习效率低。我认为，以后教育的大趋势应该转向以学生自我为中心的学习模式。

什么意思呢？就是学生不应该天天围绕着学校设置的课程转，不应该完全被老师和家长的安排牵着鼻子走，而是在了解自己的基础上掌握主动权，把学校、老师、家长，以及课堂、教辅统统当成自己可利用的资源和工具，根据自己的需求来支配。

你的学习便是这样以自我为中心进行的：老师、课堂、作业都成了你的工具和辅助资源，你可以根据自己的需求自由取舍。

在你的学习世界里，你本身就是学习的中心，一切资源都随着你的需求而被调动，依据你的需求或增或减。对于学习，你是主动的，也是自由的。

如今，各种学习资源比以往任何时候都丰富太多，学习方式的重要性变得日益重要。家长和老师都应该尽早培养孩子的自主意识和能力，让孩子学会将学校、老师、课堂、作业、教辅等，都视为供自己灵活调度的资源，进而成为高效学习者。

真正学会以自我为中心来学习的学生，一定是聪明的学生；凡是鼓励学生去寻找自己的节奏，围绕自己的需要来学习的老师，一定是明智的老师。

以学校为中心的学习模式

那么，以学校为中心的学习模式适合哪些学生呢？个人觉得比较适合那些不那么愿意学习、对学习没有什么想法的学生。由于学习意愿的不足，这些学生无法进行有效的自我规划和调整改善，他们需要一种强大的外力去束缚和规范自己，逼迫自己认真学习。

个人认为，从小学开始，老师就应该鼓励学生上课专心听讲，布置少量的作业，留出大量的时间鼓励学生自己安排，包括玩的时间、做作业的时间、读书的时间、运动的时间等。同时，家长要引导孩子自主管理时间，启发孩子如何安排才是高效的、令人愉快的。

归根结底，孩子要自己掌握学习的主动权！

你的爸爸是非常有智慧的家长。祝福你！

孩子初三时成绩退步、名次落后，该怎么办

读者来信

我家女儿目前上初三。孩子从早上起床到晚上完成作业都非常自律，一点也不用督促，让人欣慰，但就是缺乏让自己能深度沉浸、不服输地去钻研的精神。最近月考完，孩子的成绩徘徊在中上游，可是想要考入市里最好的高中，起码得进年级前50名。怎么才能进年级前50名呢？我去学校同班主任了解情况，班主任说孩子要进年级前50名不太可能，还是给她定一个比较可行的目标吧。

我的困惑在于，怎么让孩子在学习上更主动更积极，成绩更进一步呢？

梅老师回复

孩子已经很好了，妈妈还希望孩子可以再进一步，这种想法很正常。对这样的现状，此刻我可以讲出很多大道理，比如，我们必须从容镇定，才能有更好的心态解决问题；要等待，唤醒孩子的内驱力不是一朝一夕的事；不要着急，要贴近孩子的心和她沟通……然而我觉得这些道理对这位妈妈用处都不大。

还是说说钱小雅和钱小能成绩落后时，我们是怎么做的吧。

钱小雅的名次低于年级前 50 名的时候，我从没真正着急过。因为我了解这个孩子，我确信，暂时排多少名问题都不大，她一定可以赶上去！她从小对知识学习的内驱力太足了，想压制都压制不下去。像钱小雅这类孩子的学习内驱力有 60% 是天生的，其他 40% 才是家庭环境的因素。我对两者都了解，所以我淡定。

钱小能除了小学阶段，之后就从来没有进过年级前 50 名。他初一时我确实短时间焦虑过，后来我真不着急了。为什么呢？因为我也了解他！

钱小能对学习知识的兴趣从来没有钱小雅那么浓烈！他学习知识的时间只有钱小雅的一半不到，如果这样还能考进年级前 50 名，那上帝也太不公平了！最主要的，他没有钱小雅那种对学习的掌控感和无畏的精神。

我这几年一直在琢磨和观察钱小能，他对手机游戏、足球、音乐、阅读、美剧、时尚的兴趣太大了，在这些方面可谓内驱力十足，按都按不住！我也曾妄想过，如果这孩子把这些内驱力都转到学习课内知识上，那该多好！

这些年，尽管时有焦虑，但我对钱小雅和钱小能任何学习知识之外的兴趣不仅没有鄙视过，而且倾心尽力地支持。因为我清楚，**孩子的兴趣和天赋一开始可能很小，如星星之火，是很容易熄灭的。只有持续地呵护它、支持它、壮大它，才能有燎原之力。**

每次看见钱小雅泼墨丹青，送一张国画或书法给老师、同学，看见她的自信和满足，我的心里像吃了蜜一样。钱小能的足球和潮人音乐我丝毫都不感兴趣，可我当了他在世界上最完美的观众和听众。他在这些方面不时迸发灵感，我就像他的忠实粉丝一样激动不已！

钱小能的学习成绩起伏不定，有时很差！有一次期中考试，他的主科还好，副科则惨不忍睹。我实心实意地没着急也没生气，晚上笑嘻嘻地坐在他床边：“儿子，除了语文，你的英语、数学、物理比妈妈高一时强太多了。其他几科，说实话，你不行！为什么不行？你自己知道，我不说了，你又不傻，好好想想吧！”

对成绩我不着急，钱爸爸也不着急。要放在以往，钱爸爸一定急了。可他现在比我还淡定，根本没跟钱小能谈成绩，只是告诉他：“天冷了，早晨自己骑单车去坐地铁太冻手，爸爸开车送你到地铁口吧。”

之后的那个周末，我看见孩子在默默地规划自己的学习，他让我放心，他说他经常在想，自己长大了要干什么。晚上临睡前他又跟我说：“妈妈，我又看了一遍《阿甘正传》，我刚刚意识到，我以前太好高骛远，一个人学习和做事都应该像阿甘一样……”我摸摸他的头，走出了他的房间。

千万不要忘了：**不是只有成绩提升才意味着孩子在成长，我们的每一句话、每一个眼神、每一个动作，都在促进他的成长！**我们的任务不是要站在孩子前面指挥孩子，显得高孩子一等，而是要站在他身旁和他平行，一同摸索前行。

那天钱小能去踢球，我用微信发给他一段话：“妈妈下午跟一个心理学者闲谈，我先实事求是地说了你的情况。这位学者跟妈妈说，请把这话转给小能：‘各行各业，凡是成功者都有一个共性的特质——他们一定是输得起的人，而且输了会再来，最后就赢了！’他认为成绩起起伏伏的孩子比成绩一直好的孩子将来更有出息，更有韧性！”

但愿以上内容对你有所启发吧！

为什么说初一、初二这两年特别关键

读者来信

梅老师，您好！我家孩子小学成绩挺好，初一、初二时迅速下滑，并且跟家长的冲突不断。孩子班级甚至有个别孩子因抑郁而休学，家庭陷入困境。

为什么会出现这种情况？我该怎么办呢？

梅老师回复

很多父母来信都提到了同一困惑。真的如家长所说，孩子小学成绩挺好，初一、初二就因为贪玩儿、沉迷游戏、遇到不合适的老师等，变得一蹶不振、自暴自弃了吗？这些问题的原因是什么呢？

我想起了自己的青少年时期。30 多年前，我刚上初二，成绩明显下滑，我也瞬间有过自暴自弃的想法——天哪！上学太难了！后来很多年，我多次回顾初二这个坎儿到底是怎么造成的，根本原因来自初二开始学几何作图，我一下子蒙了。那时我觉得几何作图难得不可思议，没有丝毫逻辑、脉络，怎么都搞不懂它究竟要我干什么。

钱小能上初一的时候，由小学的三门主课一下子增加到主副共六门课，他还是用小学那种吊儿郎当的学习法，凭着小聪明上课听一听，下课玩游戏，也不复习，成绩下滑厉害，后来费了很大精力才没有掉队。到了初二开始增加物理科目，他又傻眼了，学不会，开始报课外补习班。过了半学期，物理总算被钱小能拿下了，他终于又跟上了队伍，中考时物理只扣了 3 分。

好吧，我这个妈妈和钱小能都属于很普通的人，到了初一、初二成绩下滑正常，钱小雅总是聪明一点点吧，那我就说说钱小雅。钱小雅初二时，我忘记哪一科目遇到坎了，反正那次开家长会，她的成绩排到年级 150 名左右。我也心慌，一个老师一个老师地聊。好在每个老师都安慰我：孩子知道学习的重要性，态度非常端正，放心吧，没问题的。回家的路上，我终于放心了。回家跟孩子聊天，感觉成绩暂时的下滑也没有真正打击到她。

大家看出来了吧，不管是聪明一点的孩子，还是普通一点的孩子，大部分人在初一、初二时都会遇上学习的坎儿。

究竟是什么原因造成的？归结起来有以下三点：

第一，学习能力问题，智力发展进度不一。一说起学习能力，有些家长会说，我家孩子小学时成绩挺好，排前几名呢。咱们都是从小学过来的，小学三科平均每科 90 分，基本属于正常水平。我不是聪明人，小学毕业考试数学 100 分，语文 99 分，20 世纪 80 年代那会小学还没有英语。后来，我们班小学成绩很好的同学到了初二时，跟不上学习进度的还不少。

孩子学习能力暂时差点儿，并不都说明智力不行。有很大一部分孩子是因为智力发展速度慢一点，或者说晚熟一点，暂时跟不上初一、初二的知识进度和逻辑思维。这一点我们得充分理解孩子，不要老觉得是孩子没有好好学习，心思都用到玩上了。

第二，学习习惯不好，各学科综合平衡能力差。小学时只有语、数、英三门主科，聪明一点的孩子成绩大都不错，有的孩子学习习惯不太好也显不出来。到了初一、初二，至少六科齐头并进，天天作业一大摞，孩子还靠小学那点儿小聪明就显得力不从心了。何况小学时没学过历史、政治、地理，孩子刚一接触有点儿懵，学不好可能就懒得学了。

第三，青春期正式到来，虚假自我意识泛滥。如今，青春期到来早的孩子，可能四年级就开始了，初一和初二正当时。世界卫生组织对青春期的年龄定义为 10～20 岁。青春期的孩子不光是自我意识正式觉醒，还有身体上的强大让孩子觉得自己翅膀硬了，不再喜欢听家长的，开始对父母各种嫌弃和轻蔑。我的青春我做主，男孩女孩都敢跟家长硬碰硬。这就是我们常说的逆反期。逆反 + 家长粗暴的态度 + 学习上的力不从心 + 沉迷游戏，足以形成一个冲天巨浪，半个学期就可以让一个家庭的小船陷入海底。

钱小能 11 岁开始进入青春期，那时的他一说就裂，一碰就炸，像个行走的炸弹，分分钟可以搞出惊天动地的事来，自己不想做的事情大人绝对逼迫不了。我完整经历过钱小能青春期时掀起的大浪，现在想起来还心有余悸！

我们是怎么熬过来的？我觉得作为家长，情绪管理很重要，要慢慢学会接纳他，绕开矛盾，发生冲突的时候及时抽离，明白对立没有好结果。

面对初一、初二的孩子，一大法宝就是“疏”。孩子一个个看似披坚执锐、横冲直撞，但只要掌握了“疏”的精髓，很少有过不了这个坎的。如果家长选择硬碰硬，绝对会两败俱伤。

第一，亲子关系是解决一切问题的前提。亲子关系顺了，孩子的成绩早晚会提升。我总说，只要孩子的门给我们留着一条缝，一切都好办！如果孩子跟父母的关系很疏远，甚至很隔绝，总是关在自己的房间里，拒绝沟通，针扎不进，水泼不进。父母就算有天大的本事，又能怎么去影响他呢？

放手对孩子学习的管理，从内在去滋养他，增强他的精神内核，让他主动去发现自我。这样，他学习的自律性、主动性、内在动力就会慢慢地被滋养和激发出来。

第二，家长一定要多学习，想方设法增长自己的力量和智慧。经验、学习和反思是增加力量和智慧的不二法门。找一本青春期书籍好好看看，了解一下我们的孩子，看看青春期的孩子为什么这么“难搞”，父母应该怎么做。有的放矢，胸有成竹，家长自然能镇静从容下来。

第三，知彼知己，百战不殆。回想一下自己的青春时代，看看你那会儿喜欢什么样的家长，家长怎么做能让你心服口服。

第四，帮孩子打通学习障碍。没有哪一个孩子不想要好成绩，可以先从一门功课上打开缺口，具体可以参看《唤醒孩子的内驱力》第一章。

第五，认清孩子是我们的所爱，而不是我们的仇敌。面对青春期的孩子，有的家长表现得比孩子还孩子气，甚至跟孩子斗狠使气，暴力失败就搞长期冷战，赌气把孩子逼成自己的强敌，真的是不够明智！

“人的一切痛苦，本质上都是对自己无能的愤怒。”王小波的这句话概括得特别准确。归根结底，**对孩子最有帮助的是家长对孩子的了解和观察，是自己热爱生活的态度和自身成长的持续性**。

一边努力，一边等待吧！

我儿子高二，数学越补越差，该怎么办

读者来信

我儿子现在上高二，文科，初中时成绩还不错，考上了满意的高中。可是，他上高中后成绩就下降了，数学总分150分，只能考70分左右，历史、地理、政治等刚分科的时候挺好，年级前几名。考虑到孩子数学最弱，就先补数学，他自己也想补，但一直没见什么效果。结果现在文综也在退步，排名不断下降。

我感觉他并没有努力，周末在家睡懒觉到早上10点，很少写作业，看手机时间长，午饭之前还会玩游戏。我说他没有努力，但他不承认。他说在学校很累，回到家就想休息。我说要不要找老师问问是不是学习方法不对，他也不去问，说自己可以，但又不见他有什么具体行动。

他的目标经常变，最早他说想考国防类大学，我说你这个成绩咋考，用什么考？现在再问他目标是什么，他已经不说了。我知道这和我有关系，我总是打击他，就算不发火，对他也总是不信任。可我不知道怎么改变自己，怎样才能好好跟他说话。

儿子成绩下降，我没跟他爸爸说过。他爸爸在外地工作，我不想让他担心，更多的是担心自己不被认可，怕他觉得我没把孩子带好。爷爷、奶奶攀比心很重，经常拿孩子跟成绩好的孙子辈比。

我知道儿子其实也有很多优点：在外人眼里，他乐观阳光，懂

事听话；他爱看人物传记、历史、军事类书籍，很多书都看了好几遍；他会写词牌，虽然文字说不上多优美，可是他爱写；他学了萨克斯，吹得还不错；他爱打篮球；他自己把房间打理得整洁、干净……可是一看到他的成绩，我就忘了这些优点。孩子成绩好的时候，我觉得这些是锦上添花；孩子成绩不好的时候，我就觉得这些是不务正业。因为大家谈论孩子的时候只谈成绩，没有好成绩就考不上好大学，上不了好大学就没有好未来……虽然我知道这种是陈旧的观念，可我就是走不出这个困扰。或许我是因为自己没上过大学，所以一直有这个执念。

我有时在想，我为儿子的成绩焦虑，大部分原因可能还是觉得孩子成绩不好会让我没面子。所有的人都说高二是分水岭，就能看见高考的模样。真的是这样吗？梅老师，家长改变，孩子也会改变，这是真的吗？这个改变包括成绩提升吗？我该怎么做呢？

梅老师回复

这位妈妈，我现在一条一条跟你说。

第一，这个孩子你放心，他是个全面发展的好孩子。虽然他现在成绩不如以前，周末睡懒觉，饭前看手机，看起来有点儿“躺平”的意思，但他的潜力和实力都在，绝不会自暴自弃，荒废自己大好前途的。

我这样说不是安慰你，而是有很重要的一点你可能没看清楚：孩子对自我的感知非常清晰，他知道自己喜欢什么，并把自己的想法付诸行动，这是非常难得的。“他爱看人物传记、历史、军事类书籍，很多书都看了好几遍；他会写词牌，虽然文字说不上多优美，可是他爱写；他学了萨克斯，吹得还不错；他爱打篮球；他自己把房间打理得整洁、干净……”这说明他的知识积淀较为广泛而深厚，这些知识会影响一个人的格局。作为旁观者，我可以更加清楚地看到他的个性偏好。可不要小看孩子的这个偏好，一个人的精神内核相当重要，而精神内核就是通过个人偏好显现的。**人只有充分持续地发掘偏好，才可以走得远，才可以让生命能量充分燃烧起来，活得淋漓尽致，有所成就**。

他目前选择大学虽然有一定的模糊性，但他已经在朝着正确的方向摸索了，对自己的前途和未来有思考。对一个青少年来说，这多宝贵啊！目前的大学选择对不对，你不用担忧，将来老师会帮他厘清认识的，他自己的认识也将更加成熟。

第二，如果没有找到更适合的老师，我建议先不要补习数学了。一是补习不仅没效果，还打击了他对其他科目的自信心；二是他对数学科目的认识欠缺——高中数学，智力正常的孩子至少可以学到中等水平。孩子目前主要是缺乏学好数学的信心。

我儿子钱小能没有你儿子聪明，他从初中开始数学就不好，高中阶段也是时好时差，属于中等水平，但他学得兴致勃勃，始终对学好数学有信心，有时还很得意。我总结有两个原因：一是他遇到了优秀的数学老师，老师始终不放弃他，他很喜欢老师；二是我从没有把他数学不好当成大事，但是会“漫不经心”地从各方面启发他，看见他钻研数学，就赞美他的努力和学习韧性。因此，我可以给你一颗定心丸，你儿子至少是有能力把数学学到中等水平的。你可以多联系一下他的数学老师，老师的作用或许比你强得多，然后你负责提供一切可能的支持。

此外，你现在要做的是以下几点：

首先，停止说这些没用的、令孩子心烦又丧气的话——“你这个成绩咋考，用什么考？”为什么“现在再问他目标是什么，他已经不说了”？如果把你换成孩子，听到的是这样的话，你还会再说吗？你在听到孩子的目标时应该感到兴奋，鼓励他朝着目标努力奋斗。

其次，把你的焦虑指数降下来。方法是远离爷爷、奶奶那样攀比的人，如果奶奶喜欢跟你说这些，你不妨告诉她：我儿子尽管成绩比不过谁，可我打心眼里觉得我儿子是天底下最好的，他啥时候都是我的心头肉！这话传到儿子那里，你想想他是什么感觉。

再次，把孩子的情况跟爸爸实话实说。爸爸知道情况后，说不定会帮你想办法。如果你瞒着他，怕他嫌弃你带不好孩子，肯定会加重你自己的焦虑。

此外，做好后勤，给孩子做好吃的，跟孩子多聊学习之外他感兴趣的话题，做一个轻松、愉快、有趣的妈妈，贴近他的心。这样一来，他即使真的持续懒散刷手机，你哪怕说话严厉一些，他也能听进去，才会有所反思。

最后，不要相信所谓分水岭之类的观点。什么四年级是个分水岭、初二是个分水岭、高二是个分水岭，什么某某阶段决定孩子的一生……这些都是制造焦虑、耸人听闻的鬼话！或许，这些时间节点对孩子最后的学习结果有一点影响，但对于孩子来说，父母、家庭、老师、学校的综合影响力才是最大、最长久的！外界环境一旦朝着有利于孩子成长的方向改变，就可以立竿见影地看到孩子的改变。

当然，有的孩子被侵害太重，他发生变化的周期会相对较长，因为他先要恢复自己的元气。你的孩子不用，你改变，孩子就会改变。甚至你不作为，只要你不起反作用，孩子也会自我教育、自我成长的。

孩子快高考了，怎么才能减少焦虑，让孩子发挥最好的水平

读者来信

高考前最后一个月，要不要给孩子额外增加点营养补补脑呢？您当时都是怎么做的？

离期末考试不远了，孩子经常抱怨睡不好、睡不着，该怎么办？我比孩子还焦虑呢！

第二次模拟考试后，孩子成绩不好导致灰心丧气，快没信心了，该怎么办？

…………

梅老师回复

大家都知道，中考、高考能在一定程度上决定一个人的命运，孩子尽管不完全懂，但内心的紧张和重视程度其实比家长高得多。有的孩子虽然嘴上不说，但你留意一下他的眼神，那种深深的忧虑根本难以掩饰。

脑神经科学研究已经证实：一个孩子如果长期压力过大，大脑里会充斥皮质醇这类激素，这类激素不但弱化大脑高级功能，还会遏制情绪反应。这一点我们当父母的一定要了解。

当然，我那时候并不懂压力的副作用有那么大，只是凭直觉来应对孩子

高考这件事。

钱小雅一直是一个性情恬淡、安静偏内向的孩子，心理成熟早，自我期望值高，自我要求也高。作为妈妈，我最担心的是她自己承受的压力过大，我觉得我最重要的任务，就是要千方百计释放和缓解她的压力，使她考试时能有良好的心态应对各种变化。

第一，周末不谈学习，不谈成绩。钱小雅高中时住校，周五晚上才回家。每次在她还没回家之前，我就要想好这次跟孩子聊点什么能让她宽宽心。

高三的学习强度有多大，全国各地估计都差不多，北京四中绝没有免俗。尽管学校周末从不补课，可是孩子们那种自律性的学习强度更猛。

因此孩子回到家，我一定不能跟她聊学习、谈成绩了。那么，聊什么她才会愿意听？说啥她才会有兴趣？怎样可以让她轻松一点呢？还真让我这个笨妈妈煞费苦心。

我主要跟她聊她目前在看的课外书、午睡、体育锻炼，以及我这个妈妈近期追的剧、看的书、家里的各类小事……

用轻松幽默的口吻聊，观察她的神情，引导她把想说的都说出来，和她一起痛快淋漓地哈哈大笑，一起揶揄那些她看不惯的事。

我现在还经常想起她曾特别自豪地跟我说："妈妈，我们班就我一个人还雷打不动地天天回宿舍午睡，人家那时候可都在学习呢！"

每次听到这里，我都特别安慰和开心，就故意问她，你们老师不管你啊？她哈哈大笑："我们老师从不管我，他觉得我这样特别好，他倒想把大家赶回去午睡呢，可是没人愿意离开教室一会儿啊！"

在妈妈这里获得了满足，吃完饭，她就轻松愉快地去学习了。

第二，真心实意地降低期待。按钱小雅的实力和学习态度，考上北大、清华是不太难的事。但是，看到孩子从小到大勤奋刻苦，尽心尽力，一心向上向好，做到了很多优秀成年人都很难做到的自律，我和钱爸爸认为这已经足够。哪怕孩子做得没这么好，无论成绩最终是好是差，她都是我们永远的骄傲！

因此，我经常情不自禁地跟钱小雅说："闺女，千万不要有压力，你放心，考个一本够了，足够了（我如果说考个三本就够了，那就太假了）！无论你成绩好坏，你都是我和你爸爸最大的骄傲！我们骄傲的是你努力的过程，而不是高考成绩。"

这时候钱小雅总是笑着说："哈哈，你们这要求也太低了吧，有点儿太小看我了……"

我总是再次强调："你得明白呀！闺女，你的健康、快乐才是我们最在意的，而不是成绩，无论考多少分，你都是我们的最爱！"

反正这些话，至少没有坏作用吧。

第三，保持平常心，不给额外照顾。在钱小雅高考前的最后几个月，钱爸爸晚上老说我："你一个当妈的，也不给孩子做点夜宵，给她加点营养，我咋看你都像个后妈。"

我一听这个就乐了："你是孩子亲爸爸，你去做吧。"

然后我继续给他上课："你到底懂不懂啊？如果以前没有给孩子加过营养，现在就不能加，反常行为只会给她额外增加压力。你把夜宵端到小雅跟前，你这个亲爹是让你闺女继续熬夜学习呢，还是嫌她不够刻苦？动动你的脑子想一想。"

那时候，我和钱爸爸晚上临睡前都会告诉钱小雅："早点儿睡，闺女，我们可先休息啦。"

我们真的不像很多家长那样，只要孩子不休息，自己也不休息，非要与备战高考的孩子同甘苦，共患难。我们跟平常一样，平时怎么做现在就怎么做。

不给考生额外照顾——可能在很多家长看来，这有点不通情理。可我有我的道理。想让孩子减压，就应有一颗平常心，平常对待，让高考与平常一样，保持惯性，正常作息。

关于应对大考，我再给大家讲一个故事。

德国黑森林地区的一个偏僻小镇上，有一个叫汉斯·吉本拉特的少年，他才华横溢，出类拔萃，学习勤奋刻苦。为了不辜负常以他为自豪的父亲和对他器重有加的校长，他放弃所有玩的时间，几乎把所有的心思都放在学习上，勤勤恳恳，夜以继日。

快要参加州立大考了，他的身上背负着无限沉重的希望，一个人在外面踽踽独行。经过一座小桥的时候，他遇到一位叫弗拉伊格的铁匠，以前汉斯经常到他那里玩。

说起考试，铁匠首先给他鼓励，祝他好运，他说自己一定会为汉斯祈祷。

他说："孩子，考试是身外之物，存在着偶然性，万一考不好也不是什么丢脸的事，学得再好也可能因运气不佳而落榜。要相信上天对每一个人都自有安排，会引导他们走自己的路。"

以上是我从诺贝尔文学奖获得者——德国著名作家赫尔曼·黑塞的著作《在轮下》中摘录的片段。

看看铁匠弗拉伊格的话吧，简直是抚慰考生精神的圣歌。这段话好就好在可以从根本上解除一个考生的焦虑，让多日的患得患失和纠结烦恼离开心头，因为任何事都存在偶然性，发挥不好也很正常，尽人事听天命，上天不会辜负任何一个人的努力与勤奋！上天对每一个人的未来都自有安排！

这可不是精神胜利法，这是人生智慧，简单的话语包含深邃的哲思。

让我们先拿这位伟大的铁匠的话安定自己，再好好抚慰和祝福我们的孩子，无论他现在是平庸还是出类拔萃，我们都要发自内心地把这暖心的话送给他，彻底解除他的顾虑，以便他以更轻装的身体、更饱满的精神迎接人生的挑战！

怎样提升一个高中生的学习韧性和自制力

读者来信

我儿子今年上高一。他从小到大成绩一般，我并不在意，因为他智商还不错。但我最近发现，孩子做什么事都没有韧性，踢球踢几天放弃了，学编程一开始很感兴趣，学了一个半月也放弃了。问他为什么又放弃，为什么不坚持下去，他说没有他想象的好玩儿。我和他妈妈分析，可能是编程越学越难了。

我们真正担心的是，高中学业相对小学和初中还是很有难度的，像他这样碰到一点困难就放弃，没有多少韧性和自制力，将来怎么会有出息呢？

遇到这样的孩子，我们怎么办呢？请梅老师解惑。

梅老师回复

智商对一个人学业和事业的成功十分重要，这一点毋庸置疑。

但这仅仅是个大前提。一个孩子智商再高，如果他做事或听课根本坐不住，总是三心二意，浅尝辄止，无论他多聪明，成绩也不会持续向好，以后的事业成就更不必说了。

因此，除了智商，强大的韧性和自制力也是任何人学业成功、事业成功的必要条件。

韧性和自制力作为人的重要品格，一部分来自天性，一部分来自后天的养成，具体各占多少比例，每个人都是不同的，但年龄越小越好培养，年龄越大越难养成。

我仔细观察近几年的钱小能，发现就算孩子大了，也一样可以养成比较强的韧性和自制力。

家长对孩子天性的回应、引导

韧性其实是个物理学概念，指材料在塑性变形和破裂过程中吸收能量的能力。韧性越好，发生脆性断裂的可能性越小。

一个孩子做事和学习的韧性越强，他的抗挫折能力也一定越强，不易被学习和生活的困难所吓倒。这首先要求父母善于观察孩子，发现每个孩子的主导性情，并根据性情差异施以不同的影响，效果才会事半功倍。教育难，就难在如何找到适合孩子的教育良方。

比如我们家钱小雅和钱小能，他俩小时候玩拼积木就表现得很不一样。面对一堆积木，钱小雅可以目不斜视，对着图纸和积木动脑子，想办法，不拼到完美成型，谁也休想把她拉走。

钱小能可就不一样了，只有在拼车子、飞机等积木时，还能坚持拼完再干别的。对于他不感兴趣的其他类型积木，就算他正拼得起劲，这时哪怕一只鸟在窗前叫一声，他也要爬到窗户上去瞅瞅。

他俩小时候在小区花园里跑步，我说跑 10 圈才能休息，钱小雅一定可以完美跑完，钱小能累了就立刻倚在树上休息。

心理学上将孩子的气质类型分为以下几种：

1. 容易型。这类孩子生活有节律，天生具备韧性和自制力，比较容易适应环境变化，是传说中的天使宝宝。

2. 迟缓型。这类孩子活动水平低，懒散，情绪温和消极，适应环境较慢，会出现退缩反应。

3. 困难型。这类孩子生活缺乏节律，不易有远大目标，不易适应新环境，缺乏韧性和自制力，需求多，情绪反应强烈。

当然以上只是比较粗略的说法。不过依然可以一眼看出：小时候，钱小雅属于容易型儿童，钱小能属于困难型儿童。

更容易看出的是，钱小雅天生属于目标导向型孩子。这类孩子很有想法和判断，在行动中展现出来的意志力、抗压性、自律性都很强，学习上一旦有目标，根本不需要父母和老师去督促监管。

钱小能天性跟我这个妈妈在青少年时一样，属于乐天随和型孩子，乐观开朗，喜欢享受，生活和学习上都不太有目标，有了目标也坚持不太久。

但是，现在的我已经和青少年时期的我大不一样，钱小能也和前几年大不一样，他的韧性和自制力都有很大的改善。

及时而具体地赞赏和引导

虽然每个孩子都希望得到父母的肯定，但比起容易型孩子，困难型孩子或乐观懒散型孩子更渴望得到自己重视的人的认同和赞美。亲人、朋友和老师对这类孩子真挚具体的赞美和肯定，更容易内化成他的自我认同，这种认同感会给他的生活和学习注入强大动力。

生活中，我非常有心地抓住一切机会向儿子表达我对他的爱和肯定，这种例子比比皆是。比如，钱小能完整看完《你当像鸟飞往你的山》那本书后，我非常骄傲和诚恳地对他说："儿子，你这个年龄的青少年，能从头到尾看完这种自传体励志小说，并有那么深的感想，真不容易，很多小孩都做不到的。说真的，看完整本书后，你是不是感觉自我提升很大，心里很有力量？"

想想，钱小能听完这些话会有什么反应？

我以前讲过，跟孩子说话之前我是三思的，我要考虑他的大脑、情绪和认知水平，赞美的话怎么说，界限怎么设立，孩子的个性和自己想引导的方向如何无缝结合，都是要动脑子的。

所谓贴着孩子的心，这就是！

及时打“鸡血”

因为我从小到大对自己有深深的自省和了解，父母的爱和期待，老师的赞许和肯定，尤其是父母和老师为我描绘未来图景的“鸡血”——那些青少年应该过什么样的生活的话语，那些哪怕是画饼的物质奖励和精神激励，在我看来都是宝贵的“鸡血”，在我懒散和意志消沉的时候，使我一次次鼓起勇气向上攀登。

因此，对钱小能，我也很擅长给他打“鸡血”。

——每隔一段时间，结合钱小能当下的表现，我会精心写一段励志的话发给他。这些话简短有力，但给人力量。

——我会留心那些专门写给青少年的精短文章，再摘录一遍发给钱小能，不督促他阅读，更不逼着他阅读，但他只要打开，就会从中汲取到能量。

——关心孩子的学习状况，具体询问一下他的学习焦虑和小目标，为他的弱项学科打气，为他的强项学科骄傲，为他取得的每一点成绩欢欣鼓舞，更为他付出的努力点赞。

及时加点压

当他作文写到二类卷的程度时，我告诉他一个人的潜力巨大，鼓励他向一类卷努力；当他把数学某个单元搞懂了，我激励他及时巩固，做到更加得心应手；当他达到既定的目标时，我和他一起享受成就感，强化成就带来的快乐，让成就感变成下一步努力的催化剂。

父母做好示范

我和钱爸爸都有自己热爱的工作或事业，而我们都不是那种废寝忘食、点灯熬油的拼命三郎，但我们都不缺乏做事的持续性和坚韧不拔的意志力。

钱爸爸的事业也经常遇到各种各样的挑战，但很少大起大落，总是可以缓慢而持续地向前推进。多年来，他很少像有些创业者那样废寝忘食、舍生忘死地工作，但他每天都能全神贯注地投入工作，带领员工克服困难，从容不迫地向前推进自己的目标。

我呢，读书、写作是我的基本日常。如果有什么临时的事情，我会全力以赴地把那件事做好，然后迅速回到原来的轨道上。

这些都是肉眼可见的韧性的力量。我们在饭桌上向钱小雅和钱小能聊自己心得的时候，都会强调，每天都不放弃，每天都向前推进。一天、两天，甚至几个月可能看不出什么，但一年下来，这种获得感确实是非常令人愉悦的。这就是渗透。

钱小能这个小时候做事经常浅尝辄止的孩子，现在学习上表现出来的韧性却越来越强。拿学习数学来说，数学从初中开始就是他的弱项，但他任何时候都没有放弃过，上课听不懂的时候他会想很多办法，问老师、上网搜、请教姐姐、深入思索等，每有所得就兴奋不已。再比如，他用软件学习英语单词，有时会忘记背诵，但之后他总可以回到这件长久的事情上继续坚持。

因此，韧性不是随着年龄的增长就会自动加强，而是在一次一次反复经历挑战的具体过程中慢慢培养起来的。每个孩子尽管天性不同，但其理智、韧性、自制力都存在潜在的可能性。这些可能性是种子，如果有合适的条件，就会生长得很好；如果没有合适的条件，多半会窒息而亡。

教育是一个很复杂、很宏大的系统性工程，但万宗归一，关键点都在于父母充足而高质量的回应、引导和良好的示范，这是种子发芽的合适条件。

拖拉、磨蹭不是死症，试试这两大方法

读者来信

梅老师，我家孩子从小学到初中，有一个毛病就是改不了——无论做事还是做作业，总是拖拉、磨蹭，无论怎么说、怎么开导、怎么启发，都没有明显成效。这个顽症该怎么办呢？

梅老师回复

孩子做事拖拉、做作业磨蹭，在很多家庭确实是一个顽症，该怎么办呢？

首先，我们对拖拉、磨蹭等问题要有一个科学的认识。碰到一个麻烦，总认为它不好，躲着它，这不仅不能帮助我们进步，还在拉倒车。任何一个问题，能正确认识它，才有办法解决。

著名儿童心理学家皮亚杰教授认为，**儿童的认知和智力发展是有特定的顺序和阶段的，认知和智力发育直接决定行动。**

儿童每个发展阶段都代表对世界有一种新的思维方式，与前后阶段相比均有明显区别。譬如钱小能，小学时候做作业不磨蹭，但起床、穿衣服、吃饭等事情拖拉得厉害，初一时突然好了。具体过程我在《唤醒孩子的内驱力》这本书里阐述得很详细。我们成年人一定有过一种体验：只要你保持学习或思考，过一段时间，你的悟性就像火花一样滋啦滋啦地冒出来，原来看

不明白的问题、做不好的事情一下子豁然开朗。有时甚至你不学习，到一定时间和阶段，理解能力也会有长进。这就是人类思维发展的阶段性。这就让我们明白：孩子的拖拉问题就算现在解决不了，但将来会比现在好！心理学家皮尔斯·斯蒂尔在 2011 年出版的著作《拖延心理学 2》中提到，他曾调查了遍及全球的 24 000 多人，其中 95% 的受访者承认，至少偶尔会犯拖延症的毛病，其中有约 25% 的人有慢性拖延症，这个比例比 20 世纪 70 年代时高了四倍。你看，不仅仅是孩子，拖延症也是绝大多数现代人都会遇到的问题。

接下来，我说说应对拖延的策略。

第一，不要小事化大，自找焦虑。家长在面对孩子写作业拖拉的问题上，很容易暴躁、发火、着急、啰唆。因为家长会想，孩子现在还只是写作业拖拉，如果养成了拖延的习惯，以后无论学习还是工作，都会习惯将事情拖到最后一刻才完成。这样的话，将来怎么能在社会上立足？

为什么会这么想？因为我们爱孩子，为之计深远。事实证明，这是对孩子的错误揣测。同时它还涉及另一个话题——父母的焦虑来源。父母的焦虑很多情况下来自两点：一是我的孩子是不会变的，二是孩子的毛病会越来越多、越来越大。作为一个过来人，我可以负责任地告诉你，孩子是会变的，毛病不一定越来越多、越来越大，很可能会越来越少、越来越小。钱小能小时候很拖拉，大一点就好了；小时候老说谎，现在不经常说了。原因有两方面：一方面是孩子认知和教养的进步和提升，另一方面是成年人针对孩子的问题从容应对。

第二，减轻对任务的不适感、恐惧感和挑战感，回到源头来解决问题。除了孩子的认知和智力发育因素，我们还需要搞清楚：此刻孩子为什么要拖延？拖延能给他带来什么好处？有人说了，没什么好处，还不是到头来挨家长一顿训、一顿骂，没啥了。你错了！好处还有孩子此时此地不做作业的安逸。

孩子知道做作业拖延的后果，更能感觉到作业这个东西让他不爽——作业有点多，有点难，让他恐惧，让他烦，数学不会做，英语不好背……但我现在可以做主，可以玩啊，玩耍使我此刻最开心，哪管爸爸妈妈回来后会洪水滔天。

这就是孩子拖延的心理，但他们自己并不知道。我观察亲戚家那两个拖延的小侄儿就能明白，父母不回来绝不写作业，看动画片，骑自行车，一起打闹，哪一样都比写作业爽。你看，拖延不是孩子的性格缺陷，也不是他们时间管理能力差，是孩子喜欢活在当下的心理和完成任务带来的挑战性，以及由此产生的消极情绪造成的。不单单是孩子，成年人在思考问题的时候，通常也是优先考虑当下的感受。

譬如我吧，有一项研究非常有意义，我想做，但是它既耗费大量时间，又耗费超多脑力，而我又有点担心自己做不好。因此我就总是在研究项目的外围打旋，一直在看书，在收集材料，美其名曰做准备工作，其实是有些畏难，不愿意深入此项工作的中心。这也是一种典型的拖延啊！明白了拖延的来龙去脉，就可以对症下药了。我是怎么做的呢？

第一，原谅自己。我只是一个普通人，拖延很正常，不做这件事也没有严重后果，而且此时活得很爽。承认这样做不是不自律，这是人的本性。其实那是对自己心情的保护。这样我就可以浑身轻松，有效减少了懊恼和谴责给自己带来的负能量。皮尔斯·斯蒂尔团队在 2010 年的一项研究中发现，凡是那些能原谅自己在准备第一次考试时拖延的学生，在准备下次考试时拖延的次数反而会减少。他们得出的结论是，自我原谅可以让个人摆脱不适应的行为，专注于即将到来的考试，而不受过去行为的影响，从而提高工作效率。

第二，分解任务。找个合适的时间，好好想一想这个具有挑战性的项目可以分几个阶段完成，每个阶段又可以细分成哪几项小任务，写下来。然后看看此时此刻可以着手做哪一项，做完一项就打个钩，奖励一下自己。作为成年人，完成小任务带来的心理愉悦感胜过物质奖励。就是这样一点一点、一段一段，轻松而又有韧性地做，我可以一步步接近项目中心。

再比如，有一次我跟钱小雅和钱小能聊天。我说，我看见某人写的文章特别好，我也非常想写那么好，可没办法一下子追上人家啊！我告诉他们，一个人觉得自己无能很不爽，自怨自艾只会白白消耗能量，怎么办呢？正确的方法是：研究人家，分析差距，梳理步骤，能追赶的就追赶，不能追赶的先放在一边，自己先一点一点地把眼前的事情做好。他俩听了都点头。其实我这也是教他们如何轻松上阵，正确看待拖延。

对待孩子做作业拖拉的问题，同样可以参考此方法。

第一，解决孩子的情绪问题。不要再让孩子感觉做作业是一个老大难问题，告诉他，做作业嘛，又不是吃糖，没有谁那么爱做的，拖延是可以原谅的。我们不要自我懊恼，也不要彼此谴责，这样可以缓解孩子拖延带来的强大精神压力，使他的失败感和自责都最小化，以免懊恼的压力导致进一步的拖延。

第二，帮助孩子分阶段、分步骤地完成要做的事。如果家长下班回家发现孩子没有写作业，先解决自己的情绪问题，不要谴责孩子，而是要心平气和地和孩子一起看看今天的作业，看看都有哪些项目，哪些是孩子喜欢做的，哪些是比较容易的，哪些对他来说是困难的。跟孩子商量，明天也这样把作业分一下类，妈妈下班到家前先把喜欢做的、容易做的完成好，剩下的较难的部分再向妈妈求助解决，这样会不会轻松很多了呢？第二天你下班回家后，发现孩子把喜欢做的、容易做的都做好了，你就可以好好地夸赞或奖励一下孩子，这样既能减轻孩子开始做作业时的挑战感，又能避免孩子产生懊恼情绪，形成二次伤害。

我在实践中发现，这样做还有一个额外的惊喜——你会成为一个令人愉快的妈妈，顺便也带出令人愉快的孩子。当然，这样的方法不见得马上见效，不同的孩子有不同的个性，家长也要随时变通。学习不是照搬，而是得到启发。

当一个孩子对学习已经竭尽全力

读者来信

梅老师，您好！我是帮亲戚来向您咨询的。亲戚家基本情况如下：男孩，14岁，县实验中学初三学生，父母都是乡镇中学老师。为了让孩子得到更好的教育，家里送他上的都是县城的实验学校。孩子父母非常勤劳，教学之外，还会做一些兼职，陪伴孩子的时间不多。孩子也觉得父母除了挣钱，并不关注他。家里有个妹妹刚上小学，母亲负责接送，孩子更觉得父母不疼爱自己。

孩子非常自律，学习、做作业基本不用父母管，晚上放学回家就去自己房间做作业，一直做到很晚。父母为了让孩子专心学习，把家里网线拔了，给孩子一个老年手机用于联系。孩子的世界就是学习，他一般就是待在自己的房间里，不和别人交流。

孩子从小学到初中，成绩一直很好，通常是年级前10名。有一次月考考了年级第13名，他自己很生气，觉得付出这么多，都没玩过，但成绩还是没达到目标。但是当时他并没有表现出来，父母也没有及时知道。有时他会不由自主地做出一些有点怪异的行为，比如使劲抓自己的试卷。

去年国庆假期，他感觉胃部不适，到医院治疗了一周，回来后就不愿去学校了。具体原因孩子没说清楚，直接原因是他和几位同学议论一些敏感问题，被老师当众批评。

父母听从他人建议，带孩子去医院看心理医生，医生说孩子是抑郁症，于是孩子开始服药。这时候父母才知道，孩子长期失眠，易惊醒，经常凌晨两三点才睡着。于是父母决定让孩子休学。从这时开始，孩子情绪变得容易激动，动不动就抱怨。他也知道自己是抑郁症，很暴躁，父母一劝说就更烦躁，只愿意玩电脑和手机，丝毫不想上学。

之前父母一直跟孩子说家里穷，一直在想办法挣钱。孩子懂事，没有主动要求买过东西。后来孩子知道家里买了一套大房子，也买了车，认为家里还是有钱的，现在想要什么就要买什么。

现在除了让孩子按时服药，家人应该怎么帮助孩子调整过来？想听听您的建议。

梅老师回复

你好！我仔细梳理了孩子的前前后后，第一感觉是孩子的父母还是比较称职的，吃苦耐劳，家庭责任心也很强，关心孩子前途。不过，孩子最初显现抑郁情绪的时候面临两个问题，这两个问题目前都没有得到很好的解决。

第一个问题是孩子自身对学习成绩的执念。这个问题需要外力帮助才能解决。学习成绩是这个孩子的唯一执念，他认为只有学习足够好，他才拥有荣耀感、掌控感，心才有所归属，他就完全胜利了。除了学习成绩，孩子关注的其他东西很少。当学习成绩成为孩子唯一执念、唯一寄托的时候，一旦他拼尽全力，还是不能把控这个事情，他就会彻底沮丧，对自己彻底失望，于是破罐子破摔，紧接着对周围和世界也感到失望。此时，外界精神力量的支持就极为重要。孩子此时就像根基没有扎稳的小树，狂风来了，如果没有外在的支持，他很可能会立刻倒下。

这个精神力量是父母或他崇拜的偶像最好，哪怕不是父母，不是偶像，不是权威人士，是一个他认可的朋友也行。这个人需要很平常、很认真地跟他说：任何一次考试成绩都是一个阶段学习效果的呈现，并不能决定你的前途。现在是多元化的世界，有很多途径可以使自己有所成就，被社会认可。这个人要平易、和善、诚实、有建设性地给他反馈，不断地向他渗透，使他找到多方面的精神寄托，从成绩的执念中走出来。当然，这不是一次聊天就能奏效的，根据个人情况不同，需要在各种场合，利用各种契机去影响他、改变他。显然，他周围缺乏这样的人，他精神上是有缺位的。

其实，根据我观察到的很多人的经历，最好、最长远的影响是在孩子小时候就为他培养一定的爱好和真正的兴趣，使他的视野开阔起来，不至于只对成绩形成唯一执念。

我曾看过一项 2018 年对全国近 100 名学霸的调查报告：真正的学霸没有一个是书呆子，他们在生活上志趣多样——文学、古琴、品茶、篆刻、表演、游戏、运动等领域各有涉猎，其中看书是他们的最大爱好，电影、音乐和运动也是他们高中生活的调味剂，甚至有七位学霸坦言有过追星的经历，他们的偶像多为作家和体育明星。

第二个问题是父母精神陪伴的长期缺失。物质方面满足孩子是一个方面，关键的是父母需要在精神上补偿他、满足他，看见孩子真实的内心。孩子现在的表现明显是在索要补偿，得不到多少精神方面的，他只好在物质上满足自己。父母长期不能陪伴在孩子身边，在精神上不能给予他体贴入微的慰藉，没有贴心贴肺的沟通，缺乏生活上的细心照料，这本来就是一种错误和失职。孩子目前需要的是父母诚心诚意的道歉和彻头彻尾的反省。

如果父母觉醒了，最好找个合适的机会，坐在孩子的房间，和孩子好好聊聊，明白无误地跟他说：儿子，我们对不住你。我们不懂得一个孩子需要很多的陪伴和照顾，我们只顾着挣钱，以为改善生活条件就是对你好，其实是我们错了。你怎么惩罚我们，我们都不生气。我们无论如何都想让你幸福，以后的生活里，我们想重新学着做父母……类似的话，一定得说出来，说到孩子的心里去，否则再多的物质也填补不了对孩子心灵的亏欠。

父母的道歉绝对不是蜻蜓点水式的道歉，而是真心实意自省后的道歉，让孩子感觉到父母是爱他、喜欢他、在乎他的，不论他的成绩如何。这是人心、人性的要求。

或许，当父母做足了这些，在一天一天的生活里，孩子渐渐体会到父母从物质到精神的切切实实的关心和抚爱，不用看医生，他也会慢慢好起来。

另外，父母现在感觉诚惶诚恐，孩子无论提出啥要求都满足他，这样也不合适。无节制的满足不是爱。父母现在最需要做的是体贴孩子，但也要掌握底线，要多动脑子，不能任凭孩子回到婴幼儿的状态。

把孩子从尖子生的牢笼中解放出来吧

读者来信

梅老师，您好！我是2000年大学毕业留在北京打拼的。目前有两套房，两辆车，一个儿子，家庭稳定，算是所谓的中产阶级吧。儿子从小是我们自己带，总体上也算乖。我和爱人都勤俭持家，严于律己，努力工作，一门心思要把日子过好，要把儿子教育好。我们平时没时间看书，主要看公众号，您的文章我们经常看，从中汲取了很多营养。儿子闹别扭的时候，我们学会了隐忍，比如说，孩子成绩退步一点就找客观理由，我们都忍着。我深知在社会上打拼有多难，因此也时不时给孩子讲生活的不易。我们尽可能为孩子创造好的学习氛围，妈妈换着花样给他做好吃的。我们两口子偶尔吵架，但从不当着孩子的面。

现在唯一发愁的事就是儿子的学习。他小学学习还行，初中也能排在班级前十几名，上高中后就属于中等偏下了。他说自己努力了半天，既不是学霸，也不是学渣；既不是好学生，也不是叛逆生；既不优秀，也不堕落，总之就是太普通。他其实也努力，也认真，也自律，也不过度玩手机，没有什么爱好，喜欢踢球但不敢投入太多，因为学习已经很辛苦了。我们苦恼的是，我和他妈妈想了很多办法，找了很多提升成绩的方法推荐给他，始终没有明显效果。有时又担心孩子太努力、太累了而影响身体健康。孩子也很困惑，有时莫名其妙地大发脾气，我们更焦虑。请梅老师指教！

梅老师回复

这位爸爸，你好！对于你的苦恼，我有以下几点想法，供你参考。

第一，学习这件事承载了中产阶级家庭孩子太多的心理负担。不得不说，生在“学一代”家庭，当个“学二代”，天生就有一种“必须好好学”的宿命。“学一代”一般都是从小城市、小城镇、农村努力考上大学，通过自己的打拼，好不容易在大城市安顿下来。在这样的家庭氛围里，因为孩子天生要强的个性，加上父母无形的期待，孩子把学习成绩好当成了必须完成的任务。成绩不知不觉中从父辈的执念，变成了孩子的执念，因此孩子很容易钻牛角尖，学习灵感和聪明才智反而被阻塞了。

因为非常努力仍没有取得好成绩，孩子自然而然产生了自卑心理：我太笨了，可能需要更多的努力才能学好，于是他更加埋头学习，没有时间去实践和思考学习之外的东西，看不到自己其他方面的优势和潜能，尤其是看不到生活本身的趣味和美好。也就是说，从中等生跨进尖子生行列，变成了孩子巨大的压力，这反而降低了孩子的智力功能，时间长了，孩子很可能会痛恨学习，产生根深蒂固的厌学心理。

心理学认为，当一个人压力太大的时候，会阻碍自己的智力发展。孩子看似一直努力，其实他在消耗时间，真正的有效时间很少。

此刻家长要做的，就是从学习之外的其他方面去影响孩子，真心实意先放下对孩子成为尖子生的期待，引导孩子转向学习之外的东西，发现其他方面的兴趣，感受生活本身的趣味。

这些年，我觉得自己作为一个典型的“学一代”，最大的努力就是时时警惕所谓的中产阶级焦虑，防止自己给孩子的学业带来压迫感，努力为孩子撑开一小片天空，让他们可以发展自己的爱好和天性。

教育无定法，有的孩子需要往学习方面去引导，而你的孩子则需要把他从尖子生的牢笼中解放出来。

第二，典型尖子生除了努力，还会把学习当游戏，而不是把学习当任务。这些年，我接触过不少典型尖子生，他们在学习上是怎么做的呢？

除了努力、花费必要的时间外，最关键的是他们把学习这件事当成非常好玩的游戏，乐此不疲，而不是把学习好、考第一名当成一项必须完成的任务。

相反，凡是把学习成绩好当成唯一的救命稻草，当成必须完成的任务，结果往往适得其反，这类孩子最后出现厌学现象的多。

对此，我自己也有深刻体会。

大家看我写公众号文章很努力，更新也算勤快，可能有读者会想：梅老师应该一天到晚都在忙公众号，一天到晚都在研究教育吧。实话告诉大家，如果我真的每天这么苦哈哈、这么努力地写文章和研究教育，我相信我早写吐了，早就放弃研究了。

我曾经认真算了一下，我平均一天究竟用多长时间写文章和研究教育，说出来你可能会吓一跳：不到两小时。

那其他时间我都做些什么呢？看各种闲书，去公园散步、跑步，跟朋友、闺蜜和粉丝聊天，买菜，做饭，搞卫生……更重要的是，在这样的状态下，如果我特别想写某件事、某个想法，我会写得很开心，很痛快，得心应手，一气呵成，一篇文章大约 30 分钟就完事，文章的阅读量相对还较高。

这时候我写文章的心态是怎样的呢？就是把写文章当成一个非常好玩的游戏，打字的手好像在敲击钢琴键盘，全身心地投入其中，并享受这种感觉。

如果某天没什么好写的，把写文章当成任务硬写，坐在那里花费两小时确实也能写一篇出来，但自己读一遍，觉得干巴巴的，看着心里就烦，干脆一把丢进垃圾桶了。

这就是游戏和任务的区别。

第三，告诉孩子真相：努力也不一定成功。养育孩子，大多数情况下我们都习惯了对孩子给予鼓励和夸奖，尤其重视努力，认为只要努力，没有做不好的事儿，没有过不去的坎儿。

然而事实并非如此！

面对充满焦虑、成绩中等的孩子，如果我们一直对他强调努力一定可以胜利，多努力就能多一分成绩，这对孩子的焦虑情绪无疑是火上浇油。

这时不妨实话实说：孩子，确实有人比你聪明一点，在同等努力的情况下，甚至你更努力，你依然考不赢人家。怎么办呢？我们就跟自己比。山外有山，人外有人，我们不妨教孩子把注意力放在自己已经取得的进步上面，学会看见那一点一滴的收获，也可以带来欢喜。

比如，钱小能上次生物考了 30 分，我真的很开心，对他说：你这次进步了 5 分，这是你努力得来的，妈妈真为你骄傲。此时钱小能心里想的是：呵呵，我下次还可以多考几分呢。

你看，进步 5 分也能获得成就感，孩子也更愿意持续努力。

一旦把努力当作达成目标的唯一手段，努力就会变成负担。当负担足够重的时候，努力的弦就会绷断。

我们肯定努力本身，而不是去证明努力必须成功。这就是看见孩子的心。

第四，保持开放的心态，看见并欣赏孩子在其他方面的努力。现在的家长很容易一眼看见孩子在学习知识方面的努力，却很难看到孩子在自己喜欢的领域的付出。譬如，男孩为提升足球技术而不厌其烦地练习，女孩对某个手工作品的无限执着，孩子对跳舞或弹琴的兴趣……

或许，你从来就没把这些当作是应该努力的方向，觉得唯有考试成绩才是应该努力的。忽略努力的多样性，就是在扼杀生命的多样性。

发现孩子的兴趣所在，比如孩子喜欢画画，他的学习成绩不好，但是画画非常棒，那么，孩子幻想的世界一定很丰富啊！

这世界正因为有太多不同的声音，太多迥异的性格，太多缤纷的生活方式，才是世界本来的样子，也是人类本来的样子。

曾有一项实验收集了来自美国密歇根市 10 所学校的 1 800 个六年级学生的数据，并对这些学生跟踪调查到 21～22 岁或 25～26 岁。研究发现：那些发展了爱好的孩子学习成绩更好，未来各个年龄段问题更少，吸烟、酗酒、逃课概率更小，更能够享受校园生活，厌学情绪较少，并且大学升学率更高。同时，他们也比没有爱好的孩子更愿意追求高学历，职业成就更高。

如果家长能看清这一点，就会对孩子多一些欣赏。毕竟没有谁规定孩子必须按照多数人的既定路线去走，还要走得毫无偏差。如果家长看不到这一点，就会认为孩子无论多拼都不够。

看见、认可、允许、欣赏孩子努力的多样性，可以缓冲孩子对成绩单一的压力，反而可能让孩子在成绩方面真正有所突破。

所谓学霸，都有哪些重要特征

读者来信

梅老师，您好！我女儿从小就非常懂事、乖巧，也是一个非常要强的孩子。我们生活在城乡接合部，各方面条件差一些。可我女儿不知道像谁，小学、初中成绩都特别好，干家务也是一把好手，甚至比妈妈做得都好，而且唱歌、跳舞都很出色，亲戚、邻居见了她没有不夸赞的。

前年，女儿考上了我们本地一所很好的公立高中，她也比以前更努力了。但是，我们现在苦恼的是，女儿无论怎么学，成绩都是徘徊在中游。女儿自己也在找一些学习方法，包括《费曼学习法》《学习高手》等书她都看了，但成绩怎么都上不去，没法成为一个她所谓的学霸。

对于这个问题，我想听听您的看法。

梅老师回复

你好！你和孩子之所以对努力和成绩的关系很迷惑，是因为不清楚那些所谓学霸型的孩子本身有些什么特点。下面我帮你捋一捋学霸型孩子一般从小具有什么特征：

第一，天性偏好知识性学习，非常享受迎难而上的感觉，收获知识让他们极有成就感。对，我说的是知识，而不是画画、舞蹈、唱歌、手工之类。他们天生对知识的吸收力和思辨力非常强，非常敏感。如果把知识比作水，这些孩子天生是一块大海绵。你想是不是？只有真正喜欢学习，兴头十足，才有发自内心的动力去学，才有可能在学习的路上持续前进啊！

这些年，有些媒体一直强调个人努力的作用，努力的作用有些被夸大了，我很想泼一点冷水。

其实，很多事情不是仅仅靠努力就可以成功的，孩子并非生下来就是一张白纸，可以让家长在上面画最美的图画，天性还是起很大作用的。

美国著名社会哲学家、家庭咨询师、世界性别科学领域先驱人物迈克尔·古里安，从事大脑生物学和性别科学研究 50 多年，他在《核心天性教养法》一书里以大量的事实和证据强调核心天性对一个人成就和幸福的影响，呼吁家长要承认个体差别，发现一个孩子独有的天性，进而更好地实现家庭教育的最终目的——让孩子成为他自己。

英国多位著名心理学家也同时认定：性格差异的 40%~50% 取决于遗传因素，而其余部分则取决于环境因素。

另有几位心理学家研究了超过 800 对双胞胎，发现基因对自制力、决策力和社交力等重大性格特征的影响比家庭教育和成长环境要大。他们认为，那些基因决定性格特征。

BBC（英国广播公司）纪录片《宝宝的异想世界》中，一位英国心理学家曾做过这样一组测试：把不同类型的玩具放在不同的宝宝面前，有的宝宝表现激动，有的表现平静，有的无动于衷。

种种研究结果都表明，对于那些对学习知识不太敏感的孩子，家长的监督、家长的执念不仅难以提升孩子的成绩，到了高年级可能还会给孩子帮倒忙。

第二，对学习有很强的掌控感，学习内驱力强劲。一个人能做好一件事，首先当然需要有浓厚的兴趣，觉得这件事有意思，自己可以胜任，且有一定的把控力。

譬如学习，在和知识的对垒中赢了一场，又有更多的敌人在你能注意到的地方瞄准你。你呢，既有自信，又有充足的子弹，还相信自己的能力，享受这种状态，必然会兴致勃勃地往前冲！在自我突破、自我超越中获得越来越强的掌控感。对于学霸型孩子，他们的学习过程就像玩游戏，就是不断地打怪升级，是一件非常好玩的事情。

成绩优异的孩子基本就是这种学习状态，对学习掌控感十足，不怕挑战，也喜欢挑战。他们这种内驱力不是任何外力强加的，而是内在的体验使然。

这些年，我见过无数个父母拼命“鸡娃”却最终失败的例子。归根结底，无论家长怎么试图去控制孩子，盯着孩子做作业，帮孩子制订时间计划表，报多个奥数班，到处挖掘学习宝藏……结果都收效甚微，甚至适得其反。因为我们可以控制孩子的身体，却控制不了他们的心智和大脑。我们可以把孩子按在书桌前，可以陪着孩子耗到深夜，但我们没办法逼着孩子的大脑去认真理解、消化吸收、整合处理那些既抽象又复杂的知识和概念。

对于部分学习能力弱的孩子，建议适当调整在学习上对他们的要求，要体谅他们，更重要的是鼓励他们对擅长的事情保有持久的兴趣，一点点积累，一步步成长，坚持下去也可以不同凡响。

第三，具有坚韧不拔的意志力。学习是一个漫长的过程，坚持努力十几年真的很难，持续的学习需要一种强大的意志力。强大的意志力从哪里来？

我认为有两个来源：先天因素和后天因素。先天因素主要来自遗传，这里我们重点说说后天因素。

仔细区分后天的意志力，主要来自两方面：环境的逼迫和学习内驱力的驱动。

大家可以看到，很多来自条件艰苦的农村，凭努力考上清华、北大的孩子，除了自身学习能力强，他们的意志力也格外坚强。

为什么他们会有坚韧不拔的意志力？因为如果没有强大的意志力作为支撑，他们就无法改变命运，就得继续过老一辈的艰苦生活。也就是说，他们要靠意志力来改变自己的命运！

许多来自大中城市、家庭条件不错的优秀孩子，他们的学习意志力则主要源于本身的学习内驱力。

对于普通孩子来说，其性格中的意志力必须通过一件件事来得到强化。比如，跳绳、跑步、打球等都可以锻炼意志力，多鼓励孩子坚持较长的时间，促使他体会到一种体力超越极限的欢畅，一种意志力强健的快感，一种自我控制的喜悦。

比如，钱小雅上五年级时，有一天下大雪，爸爸无法开车送她，她就背着书包在雪地上步行五千米去学校。我们并没有阻拦，一边赞赏她，一边陪着她长途跋涉。我们一路上欣赏着雪景，说说笑笑。到达学校时，汗水濡湿了她的内衣，她的头上也直冒汗，但她并不觉得多苦，反而收获了一种自己控制意志的力量感。

生命学家也强调遗传与环境的交互作用对人格的影响，以及从遗传学的角度来考虑个体人格的形成。他们认为："基因不是一成不变的，在我们的一生中，基因是在不断变化的。随着年龄的增长，一些基因被激活，一些基因被关闭，我们认为这跟环境和生活方式有关。这是现代医学最振奋人心的消息：生活经历会改变我们的基因。"

第四，会听课，善于总结和提升。每年高考结束，考上清华、北大等名校的学生的笔记都会成为学弟学妹们的抢手货，大家仿佛想从这些笔记里窥探到学霸的学习秘密。

然而，接触过许多真正的学霸后才明白，那些看似完美的学霸笔记大都不是在课堂上完成的。他们都强调：上课的时候专注听老师的讲解才是提高学习效率的不二法宝，上课记笔记会打断自己的思考，课堂上记的只是一些关键点。

那么，那些完美的学霸笔记是从哪里来的？答案是来自课后的自我总结和提升。

总结经验可以事半功倍。**没有总结，就没有提升；没有总结，就不能从量变到质变**。

俞敏洪曾说：“决定孩子成功的最重要因素是什么？不是我们给幼年的孩子灌输了多少知识，而是在于能否帮助孩子培养一系列的重要性格特质，如毅力、自我控制、好奇心、责任心、勇气以及自信心，这些将影响其一生。”

我认为，如何定义成功对教育本身更重要！考上清华、北大可以证明一个孩子的学习力和意志品质，但并非就证明了他取得了人生的成功。如果一个青少年有自己的方向、自己的目标、自己的主见，以及自我学习的动力，就像你的女儿一样对世间万物都充满好奇和热情，人格健全，与人为善，就算不是学霸，同样是一个值得祝福的好孩子。

孩子上中学后不爱阅读了，该怎么办

读者来信

梅老师，您好！关于孩子，始终有一些事纠缠着我，想向您请教。

首先是老大的阅读问题。老大小时候我经常给他读书，他很爱听。上小学后，我觉得他自己认字了，就让他自己读，我没怎么监督，只是提醒，他读得不多。他偏爱读科幻类图书，如《神奇树屋》《疯狂侦探团》《哈利·波特》《三体》等。

上初一后，老师要求读名著，他说无聊没意思，然后作业也多，就不怎么读课外书了。我看着很着急，老是提醒他多阅读，但他就是读不进去，说没有他喜欢的书。他从小喜欢玩乐高，家里几箱零件都是在他小时候买的，现在也会偶尔拿出来拼一下，只是没以前那么痴迷了。现在他和弟弟都喜欢风火轮小汽车，家里有几十辆了，两个人经常给小汽车搭个赛道跑，然后对每款车的品牌和性能津津乐道。寒假我带他们去图书馆借书，他就借了几本与汽车相关的书。

他的爱好我不反对，但我觉得这些都没有阅读重要，不能光玩这些，而把阅读荒废了。但现在看来，培养他的阅读习惯好像很困难。对了，他还喜欢画画，一有空就画汽车，虽然画得挺好，但我很少给予赞美，每次我都说，你赶紧看书呀！

我自己喜欢阅读，买的书、借的书都没有时间读，看着孩子有大量的时间却不读书，就觉得他好浪费时间，真是不懂得珍惜。

自从有了老二，才觉得以前对老大的教育方式是错误的。以前要求老大像一棵树，一定要长得直直的，稍微有点偏，就开始唠叨、纠正，各种担心、焦虑，因此老大有些不自信。加上这几年我的重心放在了老二身上，对老大没那么关注了，老是敷衍了事。他一直想得到关注，感觉他的心经常不在身上一样。他现在老说“我笨，我没用”，听了这话，我每次都生气，我说我们没有这样评价你，你不要贬低自己，心里暗示作用是很大的。但下次他还说。

我该怎么改变，才能引起他的改变呢？

梅老师回复

教育是不露痕迹的顺水推舟，不是逆水行船。

第一，你犯了我曾在钱小能一年级时犯过的错误：觉得孩子认字了，自己可以读了，我何必再浪费时间给他读啊！于是停止了亲子共读，不再给孩子读书了。好在钱小能一年级遇到了一位好的语文老师，他及时纠正了我的这个行为。因此，对钱小能，我给他读书读到了六年级。这期间我发现亲子共读时间长有一个很大的好处，就是可以引导孩子顺理成章地读名著，从好的绘本，到经典童话，到优秀儿童文学，不知不觉地把他引导到阅读名著的道路上。孩子的可塑性太强了，关键是父母要有意识地去引导。

第二，孩子不喜欢读名著也没关系，没必要焦虑，因为他有自己真正的爱好。孩子已经显示出明显的兴趣倾向，你还在为孩子不多看名著而焦急，肯定是陷入了一个误区：喜欢读名著的孩子学习肯定好，有出息；我家孩子不喜欢读名著，可能将来学习不行，没出息。我们强调阅读的作用固然没错，但也不要神化它。依我看，以孩子目前的状态和你的诉求，这简直是抱着金碗讨饭呢。

想引导孩子做一件事，不是硬生生地往那里拽，而是以他的兴趣为圆心，逐渐扩大他的知识面，使他的认知如水的涟漪一样，一圈一圈地扩大。

比如，对于孩子喜欢汽车这件事，正确的做法是：父母一方哪怕抽出一点时间，看看汽车方面的书，研究一下孩子的爱好，然后不动声色地跟孩子讨论汽车，再过渡到跟汽车有关的方方面面，如汽车发动机、模型等，再扩大到汽车发展的历史和未来趋势，再延伸到动力、阻力等知识，以汽车为圆心，将兴趣的半径不断扩大。同时，父母要及时肯定和赏识孩子的钻研精神，一下子就把孩子的探究兴趣激发出来了，而且还给了孩子一种宝贵的自信。孩子的自信心和自豪感增强了，他会乐意向别的方面探索。

第三，孩子说他自己笨，有两个内因。一是被忽略的时间有点长；二是因为你强调阅读的重要性过多，孩子对自己不喜欢阅读有点儿内疚和自卑。孩子通过说自己笨，借贬低自己来引起父母的同情，从而对自己起到一种保护作用。孩子有一定的羞耻心可以激发他追求卓越，但过多的羞耻和焦虑会让孩子退缩，变得胆小，有点瞧不起自己，长此以往还会给孩子带来压力。

作为妈妈，我们都特别容易犯一个错误，那就是生了老二，因为精力耗费极大，很容易忽略老大。不过，只要意识到问题的存在，这一点是不难弥补的。

对于孩子目前阅读少的问题，父母也不要过于说教，否则除了招他烦，还会打击他。他喜欢看汽车类的书，这也是阅读啊，甚至是专业性阅读，你要适当表扬这样的阅读行为。

第四，名著是给阅读背景优良的孩子准备的。名著是什么？是用细腻、优美、高雅的语言写成的故事，是拥有高尚灵魂的人为人类留下的宝贵精神遗产。它内在的好不是每一个人都可以享受，只有那些拥有一定的文化背景和对文字拥有敏感触觉的人才能捕捉到，才能接收到。也就是说，让一个孩子喜欢读名著，前期需要父母下一番功夫，日常需要潜移默化，不断地给孩子铺垫好必要的背景知识，同时也需要孩子有一定的生命感悟。

比如，高中必考的两本名著——《红楼梦》和《论语》，小学的时候，可以给孩子看图画版的《红楼梦》，讲一讲其中的故事。《论语》的铺垫也很多，大人可以先看看《孔子的故事》，然后把故事绘声绘色地讲给孩子听，让孩子懂得，孔子是个很可爱的人，而不是个迂腐老头儿。

如果来不及从小引导，那日常生活中跟孩子谈论名著的情节也可以，就当背景音乐在缓缓开启。

这些就是背景知识，这就是读名著需要的铺垫，也是对名著的亲近感。

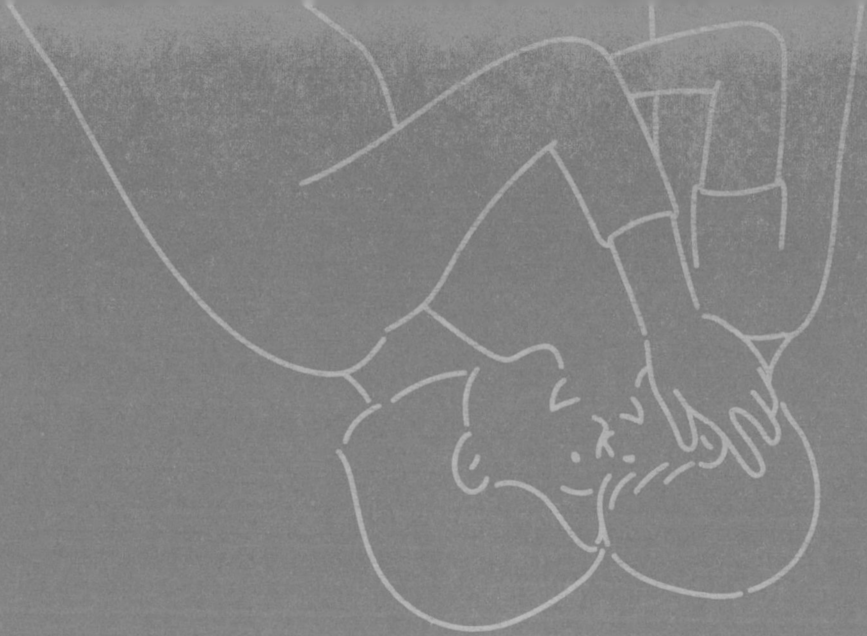

第四章

贴着孩子的心沟通，你说的话他才会听

我儿子最近经常偷看黄色视频，怎么办

读者来信

我家孩子上初一了，之前一直用一个老旧的手机，运行缓慢，和同学打电话、发微信很费劲，后来还要上网课打卡。他说想换个手机，我和老公就同意了，给他换了一个智能手机。他平时不玩游戏，喜欢上网看汽车、看比赛。我之前有点担心他会不会看乱七八糟的网站，看能不能屏蔽，但也没付诸行动，加上我感觉他思想还很单纯，也就没多想。

最近孩子早上老起不来，晚上睡很晚，关着门不知道在干什么。他爸拿孩子的手机检查，发现最近的历史记录都是黄片网页。我一下震惊了，我觉得他不是这样的孩子，平时很少提到异性，即使问他班上女生怎么样，他也只是敷衍两句。我一直认为他对这些一无所知，谁知道他已经在偷看。他现在才初一，什么都不懂就看到这些，我一时接受不了……

我现在焦虑恐惧，感觉孩子好像偏离了轨道，我们没监督管理好，好怕他变坏，做坏事。梅老师，您说我接下来该怎么做？

梅老师回复

你对孩子偷看黄片这种感受我能理解，我们都是比较传统的家长，对性

是避讳的，一看到未成年孩子接触这些，马上会联想到孩子在走歪路，将来好不了，太恐惧了，睡不着。

其实这些年我看的性教育的资料也比较少，在这方面主要靠的是经验和直觉。

还是先想想我们自己吧。

不知道你们青少年时期怎么样，反正我上中学看小说时对两性的描写还是很好奇的，有时上着课也会想入非非。

随着我们长大、结婚、生育，经历了各种各样的事，见过了各种各样的人，再回想中学、大学时代那些想入非非的时光，我觉得那是很正常的。

一个青少年如果没有对性好奇和想象过，我倒是认为不太正常呢。

据中国人口宣教中心的调查数据显示，74%的高中生父母未与子女交流过性知识，而49%的青少年主要从互联网获得各种性知识。

我总结的原因是：学校的性教育内容让青少年觉得枯燥乏味，孩子有了解性知识的需求，但又没有合适的获得途径，绝大部分家长不知道在这方面该如何教育自己的孩子。

我忘记钱小能是六年级还是初一的时候，有一天，钱小雅告诉我钱小能在听黄色笑话。我一听也是立刻炸了，虽然那一刻我能想起自己青少年时期的画面，但感觉他年龄还是有点儿小啊！然后我四处找他，发现他真的躲在我们小区花园某个僻静的地方戴着耳机在听东西。

我怕大喊一声吓到他，就远远地喊他回家。他当时可能觉得自己理亏，默默走到我跟前。我对他说，不能听那些乱七八糟的东西哈，儿子。然后摸摸他的头，他就回家了。

现在回想起来，我的处理方式也不算好，其实我当时就察觉自己做得不够好了。孩子对这些事情好奇纯属正常，跟他沟通这件事很有必要，让他如何看待这件事对他今后的成长也很重要。

于是我想了几遍，然后跟钱小能说：“儿子，我听说你在听那些不适合你们这个年龄的段子。其实，我跟你爸爸小时候也对这些东西好奇，也偷偷看、偷偷听。这都是很正常的。不过，这些东西到一定年龄你就都懂了，现在你还小，听多了、看多了会觉得心情不好，感觉特别空虚无聊，实在没多大意思。要不我给你买本这方面的书，你好好看看？”

钱小能说：“不要了，不要了，我都知道了。”

我摸摸他的头，他有点如释重负的感觉。看来这小子对这件事可能真有点负罪感。

其实这几年，我们从来没干预过钱小雅、钱小能看手机和电脑，他们经常看影视剧，上各种网站，查各种资料，里面的信息鱼目混珠……我看他们一切都发展得很正常，可能是早就产生免疫力了吧。

总之，还是抱定一颗平常心看待这件事。

第一，家长不要慌，不要大惊小怪。他们的同龄人中，有 76% 的人都在做或曾经做过类似的事情。

第二，给孩子一些正确的信息。你们也可以不和孩子谈，而是找一些适合的视频放在电脑里比较显眼的位置，或者买一两本正规的青春期书籍随手放在书桌旁。我们需要让孩子接收到正确的信息，而不是为此感到局促和紧张。

第三，信任并尊重孩子。一个始终被尊重的孩子绝不可能做出自轻自贱的行为，他一定会成为一个得体、坦荡的人。

总之，青少年对性的好奇非常正常，没有人可以阻止。

留心、贴心，但不要干预太多，孩子一定可以顺利度过这个时期的。

上高一的孩子早恋了，该怎么办

读者来信

梅老师，您好！我是孩子爸爸，儿子目前上高一。他身高一米八五，高鼻梁，大眼睛，发型很酷，看起来帅帅的，喜欢打篮球，成绩也不错。他最近跟我说，一个女生老追他。他说这事的时候一脸无奈的表情，不过我感觉他其实挺喜欢那个女生的。

如果您的孩子高中阶段谈恋爱，您会怎么处理呢？

梅老师回复

这位爸爸，你好！我女儿钱小雅上高中的时候，我还真的问过她是不是有男孩喜欢她。有一个周末她回家，我在厨房洗碗。我看她在我身边扭来扭去，有秘密要跟我分享一样。

我就故作漫不经心地问她：“闺女，是不是有男生给你递纸条啊？”

她有点儿不好意思地说：“有啊，是发微信，不是递纸条，你们那年代才递纸条吧。”

嘿嘿，我一时又忘了自己的年龄。不过，这可勾起了我的八卦之心，赶紧追问：“是谁啊？你喜不喜欢他？你是怎么回复的呢？”

“我就让他知道我不喜欢他，怎么说的就不能告诉您了。”

她跟我来了这么一句，就做她的事去了，使得我一直浮想联翩。

钱小能呢，他上高一的时候，我眼看他长得越来越帅，气质越来越好（妈妈眼里的）。有一天，我忍不住问他：

“儿子，你们学校有不喜欢你的女生吗？”

“妈妈，你是说我们全校女生都喜欢我啊？”

“那当然——至少得有三分之二的女生喜欢你吧？”

“没有，估计最多三分之一吧。”

“啊——另外三分之二为什么会不喜欢你呢？”

“那你得问人家去，我哪有那么大魅力。”

“你有看上的吗？让我帮你参谋判断一下。”

“我们男女生之间互相喜欢哪里像您想的那样啊，我们说的喜欢就是不讨厌，有好感而已。啥看上看不上的，再说我看上谁也不能跟您说，这也是人家的秘密啊！”

两个孩子从小到大，跟他们聊到中学生恋爱的事，我真的没有过如临大敌、神经兮兮的时刻。

不是我多开明，是我本来就觉得对于一个中学生来说，喜欢异性是再正常不过的事儿。一个青少年对异性丝毫没感觉才真的令人担忧呢！

我不大喜欢“早恋”这个词，这是家长站在自己的角度，担心它会影响孩子学习而言的。

恋爱就是恋爱，是人类最基本、最正常的情感需求。孩子成熟有早晚，什么时候恋爱都应该被尊重，接纳不接纳再说。

因此我时刻准备着，在恋爱这件事情上，我完全可以做两个孩子的闺蜜或铁哥们，我相信他们也绝不会瞒着我，瞒着我他们会觉得没意思。

父母对这件事情态度越开明，孩子会表现得越成熟。

我认为，恋爱的最大功效是使人性变得完美。真正的爱恋可以让人变得无限美好！任何一个心智成熟且正常的父母都会理解恋爱，也会期待孩子在恋爱的年龄品尝爱情的甘美。

当然，中学阶段还是以学业为重。如果突然发现自己家的孩子中学时恋爱了，父母有点儿好奇，想知道具体进展，或者想终止这种关系，该怎么跟孩子聊呢？

其实只要你满足一个大前提——平时跟孩子亲密、关系好，他有事不跟你说反而会憋得难受，沟通起来就一点都不难。

我们要学会观察、尊重孩子，要通过自己的切身感受来了解孩子，就像每天听一首新曲子或品尝一杯新咖啡，我们用自己的身心去感受孩子的身心，看他是通畅的还是堵塞的，是稳定的还是激烈的。

做到这般，就算孩子恋爱了不告诉你，你也能看出来。等他跟你说的时候，你也自然会是一种开放、喜悦、尊重、理解的心态，轻松愉快、坦率诚实地进入孩子那个小世界。到时，孩子还有什么不愿说的呢？

我如果真的发现钱小能恋爱了，或者他告诉我他喜欢某一个女孩，第一次聊这个话题时，我一定会做到表情轻松、情绪愉快、态度坦率。等他感受到我的态度——真诚、接受、尊重、为他好，他就会跟我说更多，我就慢慢地把爱是责任、如何才能爱得长久、此时恋爱的好处和弊端等，审时度势地讲给他听。

我打心眼里相信，每个正常的孩子都是通情达理的。保持对话，就没有解决不了的问题。

孩子上课爱讲话，爱接老师的话，怎么办

读者来信

梅老师好！我儿子 14 岁，今年上初一。我和孩子爸爸都是初中毕业，文化程度低。不过，我也懂得家庭教育的重要性，我们自己就吃了很多没文化的亏。从孩子一两岁开始，我陪他看绘本，给他讲故事。小时候，他还是喜欢阅读的，但是他最大的缺点就是爱讲话、好动。上小学时，所有老师都经常反映他上课爱讲话，爱接老师的话，但有时又没有接在老师讲的知识点上，引得同学们哄堂大笑。

孩子其实有优点，他性格开朗大方、自信、幽默风趣。他喜欢的东西和同龄人不一样，他对古代的东西很感兴趣，有时带他出去旅游，他对很多仿古的器物可以看上半天。另外，他对手机游戏比较有自控力。

我现在最大的问题就是不懂他上课为什么爱讲话，该如何去引导他。

梅老师回复

你好！我看了几遍你给我写的这些情况，可以看出来，你的孩子虽然成绩不出色，但是孩子的精神面貌和心理状态都是很正常、很健康的！

我们借这个机会试着帮孩子改善一下目前的状况，进而提升孩子的学习积极性和自我驱动力。先分析上课爱接老师话的孩子的心理吧，这是解决问题的关键。

你想一下，孩子接老师话的场所是什么地方？课堂啊！课堂是公共场所，没有一定自信心的人是不敢随便接话的，有的孩子被老师提问时都不敢大大方方回答，这说明你儿子敢于表现自己。这是一种难得的心理优势和天赋，只不过他因为年龄小，并不知道如何去恰当地表现自己，需要一个合适的人给他指点一下。

此时，父母是关键人物。做好这件事，有三个渠道。

第一个渠道：父母

一个孩子最愿意听谁的话呢？一是他在乎的人，二是他佩服的人，三是利害攸关的人，四是他觉得跟他很亲的人。妈妈在孩子心里应该是他最亲、最在乎的人。那么，你跟他聊上课接话茬这件事的理想方式是：

先不要急于谈这件事，而是把它放在心里，在合适的时候跟孩子聊。比如，可能是谈任何其他事情的时候，趁机告诉他："儿子啊，你懂得多，知识渊博，又有表达能力，有表达能力的人谁不想表现自己呢？但表现自己一定要让人能接受，让人接受的前提是尊重别人。比如，你的小伙伴正在写作业，你非要讲一段历史故事给他听，讲完了还扬扬得意，那人家就会认为你不分场合，就会讨厌你这个人。也就是说，如果一个人感觉到了被冒犯，你表达得再好人家也听不进去，不接受你，不喜欢你，那就没意思了。"

你不要奢望可以一次性完成任务，一看时机不合适就先不要说了，再等待机会。将心比心，孩子才能听进你说的话。你还不妨告诉孩子，要想让同学在课堂上佩服你，作为学生，那就让自己的成绩好起来，让自己的知识更加渊博，说话说到点子上。如果说不到点子上，那就纯粹是自我炫耀和自我显摆，别的同学不仅不佩服，还可能会嘲笑你。

第二个渠道：老师

你看能不能找到一位孩子比较喜欢或比较佩服的老师，跟老师说说你的苦衷，态度谦卑、心情迫切一些，说明孩子的这个问题让自己十分苦恼又无计可施，拜托老师去跟孩子聊聊：为什么上课随便接老师的话不好？老师喜欢怎样的孩子？怎么做才是被老师和同学接受和佩服的？

第三个渠道：同学

如果你跟儿子同学的妈妈认识，比较信得过，也可以请这位妈妈的儿子跟你儿子聊聊，说说你儿子上课接老师的话时，他是怎样的感受。同伴的话，同伴的感受，对你儿子一定会有效果的，因为任何一个在公共场合说话的人都在乎其他人是怎么想的。

孩子越大，越在乎自己在同学心中的评价。这个方式你也不要着急，找机会就可以。

通过这些渠道，表面上我们在解决孩子接老师话的问题，实质上是启发他提升自己，激发他对学习更大的需求和迫切感，提升自己的威信。

另外，我想特别提醒你的是，孩子喜欢古代的器具，甚至有些着迷，我认为这个表现可以反映孩子的某种天性，而天性是人生的灯塔，要呵护并且支持他这项爱好，条件成熟的话，将来他很可能在这方面有所建树。

成绩拔尖的孩子为什么初一突然不愿上学了

读者来信

我女儿在一所普通中学上初一，前几次考试成绩都是年级第一名，最近考了第二名，她突然就不愿去上学了。

她虽然不是一个性格开朗活泼的孩子，但是笑容也时时挂在脸上，最近几个月再也看不到她的笑脸，说话也少了，有时回到家一句话也不说。之前我们对她关心比较多，有了弟弟之后，关心少了一些。有一次，弟弟在院子里玩得很高兴，大叫了几声。她在屋子里听到了，很生气，就把弟弟的书包扔到地上，书散落一地。我问她为什么这么做，她说看不惯弟弟。再问的时候，我想摸摸她的手，她躲开了。

假期里我们找专业的心理咨询师做了疏导。给孩子做完疏导后，老师和我们沟通，说她是一个爱较真、爱提问的孩子，给自己的压力太大，怕考不到第一名，家长会不高兴。

有一天，老师给我发信息说同学看到她哭了，一天能哭好几回，有时还说不想活了。她说想强制自己不去想数学题，但是又控制不住，因为老是想题，晚上都睡不好，心情也变得不好。

我和她聊天，问她："为什么不想上学了，能和我说说吗？"她说："我之前都说过了，你不是都知道吗？"我说："是因为想数学题，越想越不会，但控制不住不去想吗？"她说："不是，我之前都说过。”我说：“我不记得了，你能再说一遍吗？”她就开始哭，继续说不想上学了。后来我说我帮她向亲戚家的大哥哥请教题目，她还大发脾气，说：“你为什么总把我的事情告诉别人？我不是都说过了吗？不要把我的事情告诉别人！”

孩子出现这种状况有7个月了。她和我说不想上学，当时我就慌了，却不知道怎么办。

梅老师回复

我仔细听完了孩子和你对话的录音，再看你给我补充的材料，我更加确认我的想法了。对于你咨询的问题，我提供以下几点参考意见：

第一，你们家基本不存在家庭教育的问题，问题出在孩子性格本身和无意中积累的一些宿病。

如果让我硬挑毛病的话，就是家人对一个“学霸”孩子某些行为的过于迁就。很多家长，包括我在内，都会犯这样的毛病：孩子只要成绩好，其他的都好说，对孩子的出格行为无限迁就。比如，无缘无故把弟弟弄得很伤心，对长辈的关心不珍惜、不耐烦等。

迁就的直接后果是，孩子的性格会越来越不好。迁就的间接后果更可怕，这会给孩子带来许多无形的压力：家人这么迁就我，这么惯着我，还不是因为我成绩好，如果我成绩不好，我在家里就失去这种地位了。这样的孩子受不了成绩的风吹草动，成绩的压力会让她变得无比脆弱。

10年前，我一位表姐的儿子也是个“学霸”，一家人把他捧到天上。结果有一天，孩子对妈妈说：你们不要这样，这给我的压力很大，你们该怎样就怎样。这是个聪明的孩子，懂得给自己减压，他后来考上浙江大学了。

因此，家长不要让孩子觉得一美可以遮百丑。**对孩子的成绩保持平常心，该表扬的时候要表扬，该批评的时候要批评，不捧杀，也不溺爱。**当孩子出现偏差行为时要及时提出来，孩子该负的责任要让他负责。对于孩子行为上过于任性的地方，不要在他气头上说，应该选择合适的时机进行规劝。当然，什么时候该说，什么时候不该说，一开始不好把握，家长一旦心里有觉察，之后就会做得越来越好了。

第二，孩子不想上学这件事该怎么解决？

孩子以前学习太顺了，过高地估计了自己，以为自己是万能的，什么事情靠自己都可以解决。

你现在要学着把心思先放在自己身上，多阅读、多思考、多观察，一点点觉醒和认知的提升都会给你带来力量，你的力量自然可以辐射到孩子那里。你要对她放心，不放心也要练习放心；心平气和地和孩子交流，并且好好安抚她。她目前不如意的表现不会影响到她的前途，人人都需要经历这种坎儿。过了今天这个坎儿，以后的道路会通畅很多。

既然孩子已经出现不愿上学的情况，如果一味怕耽误学习，强迫她上课，结果会适得其反。你就平平静静地接受，征求她的意见，看跟老师如何请假。然后你们各自该做什么做什么，不要大惊小怪，也不要过多干预她，等待孩子自我调整。别着急，更不能惊慌失措，孩子耽误一段时间课程没有关系，心理调整好后很快就能补上。记住，孩子的心理健康永远比一时的成绩重要。

如果孩子开始上学了，她放学回家之后，你该怎么做？你就做一个温和平静的妈妈，需要的时候站在女儿身旁，全神贯注地听她讲她的困惑，她是怎么做的，又是如何调整的。

孩子的倾诉非常重要，等于她在疏通自己心里的困惑和不解。哪怕什么建议都没有，你就这样用心倾听，都是非常有意义和有价值的。但也别指望孩子说出来之后，能马上完全变好，毕竟出现问题已经好几个月了。

但要相信孩子本身也有解决自己问题的愿望和能力，有时候孩子自己的能力远超我们的想象。

第三，一定在平时多做这样的工作。

孩子一听你替她向亲戚家的大哥哥求助数学题，她反应那么强烈，非常抵制别人知道她学习上的难处和困惑。这说明什么？说明长期的成绩优异已经给孩子一种假象：在学习上我无所不能，我自己可以解决一切问题——这是一种学习上的全能自恋。事实上，她尽了很大努力，但她的能力一时不足以解决一切问题。如果有个高手帮她指点一下这些问题，说不定她就豁然开朗了，就算不能，她也可以有个参考。

因此你下一步的任务就是，在保持平静温和的基础上，以你自己的方式把这个道理说清楚：人是社会的人，人是关系动物，善于利用外力也是一种能力。荀子有言："吾尝跂而望矣，不如登高之博见也。登高而招，臂非加长也，而见者远；顺风而呼，声非加疾也，而闻者彰；假舆马者，非利足也，而致千里；假舟楫者，非能水也，而绝江河。君子生非异也，善假于物也。"聪明智慧的大哲学家都知道利用外力的好处，何况我们凡人呢？

把这些道理慢慢渗透给孩子，她很聪明，相信她是可以领会的。

如果孩子听不进这些话，可以尝试让她自己去解决问题。每个人的性格不同，如果她实在接受不了求助别人，让她自己钻研一阵也无妨，体会体会钻牛角尖的感受，也许她自己就会调整的。

警惕那些司空见惯的暗示，不要让它毁掉孩子

读者来信

梅老师，我们家是女孩，她就是数学不行，学不好。可能因为我和她爸爸都是文科生，孩子数学学习这方面确实比较困难。我一直跟孩子说：你数学不好，就要多刷题，不能偷懒……

然而，孩子的数学成绩一直不见起色，我非常困惑。

梅老师回复

“女孩不适合学数学”，这个观点不知道是谁说的，什么时候说的。反正当我听到这个说法的时候，已经过了求学时代。我觉得自己挺幸运的，否则我的命运可能要被改写了。

我现在还清晰地记得，我上五年级时，数学课本上有关于浓度配比的应用题。那会儿，我没事就会琢磨这类题。凭着一股子钻研劲儿，我先是搞懂了一般的基础题，又搞懂了难度大一点的题，然后我找老师要各种难题来做……

有一天，没有任何预兆，我感觉自己的脑袋轰的一下，突然就想通了。我自己琢磨出一种解法，用这种解法可以顺利解决各种类型的浓度配比应用题。那是一种刹那间内外通透、灵魂开窍的感受，我人生第一次体会到。之

后在学习上碰到各种困难时，我很少会害怕，而是充满力量。

后来想过很多次，如果我小时候听过“女孩不适合学数学”这样的话，我可能早就放弃了，不会苦苦琢磨，不会努力练习，可能会想：我是女孩，学不好数学很正常，算了吧！由此可见，暗示的威力有多强大。

因此，在钱小雅和钱小能从小到大的过程中，我特别警惕自己这一点。

首先，我自己不说消极的暗示，只说积极的暗示。我还会给所有我接触到的孩子积极的暗示，我想让孩子相信，他将来必定是一个努力的人，一个幸福的人，一个有出息的人。

其次，我及时驳斥那些不利于孩子成长的不良暗示。只要我和孩子在一起，听到成年人不经意地说出不良暗示，譬如“女孩子不适合做什么”“男孩子这方面天生笨拙”之类的话，我一定会让钱小雅或钱小能知道，那样的说法不对——任何事，全力以赴最重要，先不要考虑结果。

“你不适合”这样的标签，无疑给了孩子最坏的心理暗示——“我在这方面天生不行”。有了这种想法之后，孩子就会心安理得或心灰意冷地面对自己的“不行”，不愿意持续钻研和琢磨了，其实可能只是孩子的学习方法不对而已。

事实上，男孩、女孩之间虽有生理上的差异，但思维上的差异绝对没有人们臆想的大。家长首先要为孩子树立学好任何一门学科的自信心，如果孩子在学习中遇到了挫折，先看看孩子的学习方法对不对，或者努力的程度够不够，拼尽全力之后，再说智力上的差异也不晚。

有这样一个故事：一个男孩经常在课堂上提出一些和课本无关的问题，让所有教过他的老师不胜其烦。有一天，男孩放学回家，将一张密封的纸条交给妈妈，并对她说，这是老师交给他的，只有妈妈才能看。男孩的妈妈将纸条打开，边流泪边大声读出来：“您的孩子是个天才，这个学校对他来说不合适，没有好老师可以教他，建议您亲自教导。”很多年后，那个男孩长大了，带着他的团队发明了电灯，一举成名。他就是世界上最伟大的发明家之一——爱迪生。

母亲去世很多年后，爱迪生无意间在衣柜里发现了一张纸条，正是老师当年写给他的。他打开纸条，上面写着：“你的孩子精神有缺陷，我们决定不让他继续就读，他被正式退学了。”爱迪生看后泪流满面，他在日记中写道：“爱迪生是一个精神有缺陷的小孩，但是他的母亲把他改变成为世纪天才。”

在被所有人否定的时候，爱迪生的母亲没有责备孩子，而是将他视为天才。

试想一下，如果当时爱迪生的妈妈念出的是字条上真实的通知，他心里会怎么想?

给孩子正面评价，就是向孩子暗示他很棒，从而增强孩子的自信心。

美国心理学家罗森塔教授曾做过一个实验：他在一所小学随机挑选了几名学生做智力测验。测试结束后，他告诉老师，这些孩子都非常聪明，以后肯定会有所成就。

八个月后，罗森塔回到这所学校再次对名单上的几名孩子进行测试。他发现，这些孩子的成绩普遍比第一次进步很多，老师对他们的评价也都很好。

其实这些学生都是罗森塔随机选出来的，但是老师得到他的信息后，开始对这些学生有了较高的期望和积极正面的评价。这些学生受到老师的正面关注、积极暗示，增强了学习的自信心，慢慢开始往好的方向发展。这个实验也说明，教育孩子，积极暗示往往比其他方式更有效。

影响孩子性格最深的人是父母。如果父母经常给孩子一些负面暗示，孩子在心理上也认可了父母的负面暗示，就会不断往父母所描述的负面形象上去靠拢。

那么，家长如何对孩子进行积极暗示呢？

用积极正面的语言暗示和鼓励孩子

著名心理学家阿德勒说：在养育孩子的过程中，鼓励和支持比任何其他方法都好。当年，他在学校里被老师说成是白痴，自卑郁闷了很多天。父亲关切地问起他的情绪，他便哭诉这件事儿。父亲非常肯定地说，那个说你是白痴的人，他自己才是天底下最大的白痴，因为我早就看出你将来一定是个了不起的人。这是一个多么贴心的爸爸。

一个行为不当的孩子，通常是一个没有受到鼓励的孩子。比如，当孩子第一次整理自己的房间时，妈妈要给予适当的表扬："你真棒！都学会自己整理房间了，比妈妈整理得还好！"孩子受到表扬，以后看到自己的房间凌乱时，就会想到妈妈的积极暗示，主动去收拾房间。

借助神态、表情进行积极暗示

孩子在婴儿时期就能在家长的微表情中读出信息，从而判断事情的好坏。因此，家长在孩子面前的表情也会对孩子的心态产生影响。

钱小雅和钱小能从小到大，无论他们现在有什么缺点，不管他们目前成绩好坏，我给他们最重要的表情暗示是：我的孩子将来会好的，都会长成一个独一无二、非常出色的人。钱小能让我生气的时候，我也确实贬低过他，但我事后一定满脸悔恨、诚心诚意地跟他道歉：呵呵，那只是妈妈一时的气话，是激将法，可不能当真哦！

对孩子的优点、偏好给予充分肯定

"看到孩子的闪光点"这句话，不是说着玩的。一个孩子学习成绩不理想，也许他踢足球很棒，或者在音乐方面有点儿天赋。只要我们的心足够细致，总能找到孩子的爱好，鼓励他去发展那些正常的爱好。

任何爱好、任何微不足道的成绩，对孩子都是宝贵的积极的心理暗示，是他健康成长的力量源泉！

第五章

如何帮助孩子实现手机自律

帮助孩子实现手机自律，家长要做好四件事

读者来信

梅老师您好。我前段时间看您的《唤醒孩子的内驱力》一书，一口气看了两遍，尤其您书中关于手机管理的那部分内容，我很认可您的思路和方法。我以为我懂了。

正巧我们家儿子目前也是初一，那段时间，他强烈要求自己管理手机。受您的启发，我和他爸爸商量后，很干脆地同意了，痛快地把手机交给了孩子，同时也不时借鉴您书里的方法来对待他。结果，孩子还是抗不住游戏的诱惑，说话不算数，一点不像钱小能那样能慢慢自律。他经常无休无止地玩，很难管理，不管吧，成绩下滑更厉害，真是太难了。马上要期末考试，我把他的手机藏了起来，没想到还是被他找到了。我发现他下半夜还在打游戏，早晨起不了床，气得我都想退出班级群，不想总被老师点名批评而丢人现眼了，也不想一个人扛了，先保重自己要紧。

孩子的手机管理这件事咋这么难呢？

梅老师回复

钱小能刚上高中不久，我跟班主任老师聊天，她告诉我，她和同学曾在

课间采访了一次钱小能，问他：为什么有的同学有时会从放手机的地方拿回手机，而你从来都没有拿过？他说：我妈妈一直让我自己保管手机，需要时就看，不需要时就不看，手机早就对我没有什么吸引力了。

孩子管住自己的手机，一个重要的意义在于：这是孩子自律的开始，管住手机这件事情能给他带来成就感、自控感和幸福感！并且，这种自控能力可以迁移，可以成为他自律人生的第一步。

孩子到底能不能控制住手机，主要由两个因素决定：一是人性，二是孩子的自控力。

先说人性。如果一个人只吃过一次苹果，认为很好吃，以后再也没吃过，他一定终生都怀念苹果。但是，如果你天天给他一堆苹果呢？

孩子对手机也是如此，家长管控越紧，他越觉得手机宝贵，不愿放过任何可以玩手机的机会。

正人先正心！家长自己得相信孩子可以控制手机，否则就不要把手机交给孩子，想想其他的办法。要足够相信，有信念，才能焕发勇气和热情。

再说孩子的自控力。任何人对物质和意识的自控力都不是天生的，需要反复练习和强化。有人认为，你这一阶段控制孩子的手机，等孩子长大一些，他对手机的自控力就增强了，不再被手机所绑架。

我想说，一部分孩子可以，一部分孩子不行！一位读者跟我抱怨，她的妈妈 60 多岁了，本来把她接来帮忙监管孩子的手机，结果她自己每天捧着手机看，眼睛也出了大问题，不让她看她还发脾气。你看，并不是年龄大了自控力就更强。

我这里强调的是：**当我们把手机交给孩子以后，并不是自己就解放了。相反，我们要把心转向自己，先控制住自己的不良嗜好，同时用眼睛的余光关注孩子，帮助他一点一点地培养自控力。**

当然，每一个孩子养成自控力的节奏是不同的，这就非常考验家长的耐心和智慧。

接下来，我重点讲讲，把手机交给孩子以后，家长要做哪些功课。

第一件事：重建或修复亲子关系

一般的家庭因为孩子过度玩手机，父母轻则训斥、拔网线，重则摔手机、打骂、冷战，亲子之间早已水火不容甚至互相仇恨了。还有的家长干脆破罐子破摔，心凉了：反正我也管不了你，你就玩吧，眼睛出毛病了也是你自己的事。打心眼里鄙视孩子，哀其不幸，怒其不争！

亲子关系凉了，孩子正好给自己建造一个“美丽新世界”，在手机里，他可以有自己的一片小天地。虽然这里不够完美，但在这个小世界里，他有一个相对不受打扰的内在建构。

亲子关系不改善，让孩子自控手机这件事，将无法前进一步。当孩子感受不到父母的友好和善意，任何指示和引导都不会起作用。还有的孩子拼命玩手机游戏，并不是他真想玩，而是以此作为对家长的打击报复。

那么，如何修复处于僵局的亲子关系呢？

首先，安顿好自己的心，不要心里老嘀咕，总不放心孩子。父母既然决定将手机交给孩子保管，就不要一门心思担心孩子怎么样了。比如，玩手机玩了多长时间？作业做完了没有？怎么还是玩这么久？如果还像以前那样焦虑不堪、百爪挠心，就说明自己的心理建设还不到位。父母先自己进行心理建设，多学习，提升认知，把孩子管理手机这件事情想透彻，安顿好自己的心，再说下一步。父母如果觉得无论如何都过不了自己这一关，趁早不要把手机交给孩子，否则半途而废的话，更容易失去孩子的信任，结果适得其反。

其次，一段时间内不要聊手机的事，更不要拔网线。为了让孩子少玩手机，父母以前习惯给孩子讲各种道理，结果孩子也听不进去。这次既然已经相信孩子可以控制手机，一段时间内，父母就不要再跟孩子提手机的事，不要再讲大道理了。既要管住自己的嘴，同时也要管住自己的手，千万不要一着急再偷偷拔网线，引起孩子新的反感，导致亲子关系恶化。

再次，更加关心和疼爱孩子。因为孩子玩手机，有些家庭的亲子关系已经有了深深的裂痕，父母与孩子处于冷战状态，孩子不理睬父母，父母也不理睬孩子，家里像个冰窟一样，这样谁的心情能好呢？

作为父母，我们的初心一定是希望孩子好，希望家庭幸福。看看现在，我们离自己的初心是不是很远了？是不是因为孩子不听我们的，不服我们管教就跟孩子赌起了气，摆下了擂台，想靠冷战让孩子屈服？

这样下去只能使亲子关系更加恶化！

为人父母，我们现在要做的是往回看，回到我们十几岁时，把我们放到孩子的位置，贴近孩子的心，想想自己十几岁时喜欢什么样的父母。

如果能想到这一步，你就会明白自己该怎么做了——关爱、关心孩子，从日常做起，关注他的衣食冷暖，关注他的情绪变化，关注他喜欢和热爱的东西，找到他感兴趣的话题。

所有这一切都有一个重要的前提：避免唠叨！就算关心他也不要唠叨。唠叨是伤害亲子关系最致命的毒素！

最后，不要害怕失败，失败了再来！家长多次脱胎换骨之后，才能收获崭新的自己和新生的孩子。

由于惯性的力量，父母几十年养成的习惯和性格，不可能一下子改过来，一般人难以一下子摆脱对孩子的操控。此时家长要认清，教育绝不是一蹴而就的，越好越长远的教育理念见效越慢，没收孩子手机倒是收效快，但最终结果往往事与愿违。

因此我们需要鼓起勇气，从头再来，不怕失败，坚信光明就在前方，多看书学习，多向内反思，多提升认知。当我们自己的内心真正成长了，壮大了，才更有力量和信心应对孩子，才能不断焕发教育的勇气和智慧。

第二件事：与孩子进行真实、深切、有趣的交流

真实，就是人和人之间正常的情感互动，不装腔作势，不道德绑架，不以身份和权威压人，彼此留有空间，同时关心对方的所思所想和内在感受。比如，跟孩子聊一聊手机游戏背后的故事。可以这样问：儿子，你这么喜欢玩游戏，你知道游戏是如何设计出来的吗？当孩子表现出兴趣，你可以告诉他：很多游戏的开发都需要巨大的资金投入。因此，他们精心设计了各种游戏环节，吸引大家多玩，多充值，这样他们才能获得回报。

比如，深切共情孩子的感受。当孩子熬夜玩游戏感到疲劳的时候，端一盘水果递给他，跟他说：儿子，玩游戏过把瘾之后，会不会有种空虚感、迷茫感，一种对自己生命的愧疚感？玩游戏的快乐是不是跟踢一场球的快乐不一样？是不是现实生活中的快乐更幸福，更真实？

手机在孩子手上，你依然担心孩子的眼睛，你就可以跟孩子说：孩子，眼睛很重要，想长长久久地玩手机、生活、学习，都要有好眼睛，记得玩半小时后要放松一下眼睛哈。这就是真实的交流和关心。

孩子在成长过程中需要父母充分的陪伴和交流，心理上更需要父母足够的疼爱和关注。

父母需要时常学习新知识和好的教育理念，拓宽自己的心胸，拓展自己的格局。五湖明月放眼量，心有丘壑天地宽！原来以为很大的问题，现在看来可能不足挂齿。在孩子面前，可以自嘲以前狭隘的自己，做一个幽默有趣的家长，让家庭生活充满趣味和温馨气息。

第三件事：父母先管控好自己的手机

引导孩子控制手机很难，其实管控好我们自己的手机也不是件容易的事。因此孩子有时候会说我们：你自己还天天看手机呢！

帮孩子控制手机，要先从我们自己开始。晚上回到家里，尽量放下手机，

比如，把手机放在客厅餐桌或茶几上，一个全家人都可以看见的地方。一定不要装模作样，不要偷偷地看，否则就显得虚伪了。如果我们自己总是离不开手机，孩子就算看不见，也能感觉到，家长便无法建立威信。如果我们一开始管不住自己看手机，可以把它放家里，外出遛一会儿弯，而不是只要孩子看见你，你都在捧着手机看。

以身作则，给孩子一个好的榜样：看！手机是可以管住的。家长对孩子的影响不是用嘴说的，而是用行动做出来的。你希望他怎么做，你就做给他看，渐渐地，他就变成了你想要的那个样子。

第四件事：抓住机会把孩子带往现实世界

孩子玩手机，大多是在玩手机游戏。根据我的观察，无论中学生还是小学生，并不是每时每刻都能享受手机游戏的乐趣。玩游戏过程中，当队友不给力，当自己技术不如人或精神状态不好的时候，他也很受挫，很暴躁，恨不得摔了手机从此不玩了。

我观察钱小能，看见他玩手机游戏时间长了或不耐烦了，就及时告诉他：“儿子，我看见某某在楼下踢球呢，没必要跟一个游戏死磕，出去踢会儿球再玩，可能感受会不一样呢。”

有时我也会好声好气地跟钱小能说：“妈妈有个经验，正事干不好的时候，玩也玩不痛快。你可以试试先把作业写完，再痛痛快快地玩游戏，一定会更爽的，状态也不一样了。”

孩子喜欢玩游戏，也更想把自己的事情做好，对他有利的事情他能分得清。尝到甜头之后，他再玩游戏的时候就会换个思路，一点一点地学着自控，也学着管理自己的情绪。

家长还可以有意识地跟有孩子的家庭约户外聚会，比如一起去爬山、戏水、跳绳、捉迷藏等，多到大自然中去，多接触有趣的现实世界。

家长的关心，渗透在和孩子接触的点滴日常里，像雨露一样滋养着他的情感，使亲子之情一天天温厚起来。从人的本性来讲，没有什么比亲密、自由、和谐的家庭氛围更让孩子依恋了，这对一个人、一个孩子具有永久的吸引力！

无数案例证明，当父母做出些许改变，当家庭重现和谐、温暖的氛围时，孩子也会马上出现微妙的变化，从依赖、迷恋手机，满身戾气，充满破坏力，慢慢变成一个与父母和谐相处、摆脱手机控制的阳光孩子。更奇妙的是，脱离手机依赖、回到真实世界的孩子，都可以长出真正的自制力，这种自制力可以迁移到学习和其他事情上。

其实家庭教育就是父母跟孩子赛跑，父母自我改造和提升得越快，理性增长得也越快，越可以给孩子展现一种可贵的人格魅力。和孩子慢慢地交流，跟孩子建立亲密的关系，孩子会打心眼里喜欢和尊重父母，认识到父母是真爱自己，真的对自己好，父母既像老师又像伙伴，同时还是自己的精神导师。

就这样，父母和孩子都一步步成长起来，经历各种困难、疑惑、喜悦、痛苦和升华之后，会对现实人生产生理性的认识。那种豁然开朗的觉醒境界，才是幸福人生的开始。

有了真正的自律和解决问题的能力，孩子才能在面对生活中遇到的诱惑和挑战时，拥有信心和勇气。这才是养育孩子最值得的一刻，如宝石般璀璨，我们的生命也会明亮起来！

高二的儿子想好好学习，可总是管不住自己

读者来信

梅老师，您好！我儿子马上高二了。向您咨询过几次之后，我和他妈妈的教育认知明显提高，家庭关系也和谐多了。儿子上次期末考试成绩有了很大的提高，但一到暑假就放松了。看得出来他也想好好学习，但就是管不住自己。平时学校不让带手机，一到假期，他就玩手机游戏，越玩越来劲，我真担心他又退步回去。

听您的指导，我现在努力贴着心和他相处，尽量不和他起冲突，孩子也愿意和我沟通，父子感情还不错。一旦他开始打游戏，就什么都顾不上了，从下午5点学习结束后就想着打游戏，到晚上12点多才睡觉，自己定的早上6点起床也很难坚持。

我很苦恼，不知道怎么引导才能把他从游戏里拉出来，或者说暑假怎么来引导孩子平衡学习和游戏呢？

梅老师回复

你好！看得出来，你真的是把我其中的一条育儿理念——贴着心跟孩子相处消化得很到位，是个很用心、很动脑子的爸爸。目前，无论是孩子成绩还是亲子关系，都有了明显进展和改善。

你现在遇到的问题是：儿子马上高二，上次期末考试成绩有了很大的提高，但暑假期间，他开始打游戏就什么都顾不上了，该怎么来引导孩子平衡学习和游戏?

此时不想说别的，先让我点赞一下这个好孩子!

第一，孩子很有上进心和自律性，凭借自己的努力在期末考试中取得了好成绩。

第二，孩子下午 5 点前应该没有玩游戏，是下午 5 点学习时间结束后才开始的，这说明孩子是懂得自我克制的，有一定程度的自律。

第三，孩子把起床时间定到早晨 6 点（尽管他没有做到），说明他太想变好了，有规划自己的意愿，很想抓住早晨的时间弥补因玩游戏浪费掉的光阴。

你看，这些都特别棒啊！事实上，孩子的自律性还不错，只是手机管理做得差一些而已。但手机管理，通常会有一个从反复纠结到完全自控的过程。

如果这是我的孩子，接下来我会这么做。

首先，我一定会看见这个孩子在上个学期为提升成绩付出的努力。所谓看见，不是只看在眼里，而是把自己看见甚至是想象的情景，如孩子是如何具体努力的状态，都一遍一遍地说出来，在聊天和讲述的过程中，我会真诚地为一个知道努力的孩子感到由衷的骄傲和自豪。

这样做，既强化了孩子努力后快乐的感受，又强化了孩子刻苦学习、向好、向善、提升成绩的获得感和成就感。

这就是：看见一个真实的孩子!

其次，我理解孩子玩起游戏来有些管不住自己的行为。我们得明白一个道理：在广大人群中，管不住自己的人占多数。这方面，脑科学的研究结果为我们揭开了谜底：人类本能脑和情绪脑的成熟度远超理智脑。

比如，我每年都想减肥，让自己苗条一点、好看一点，可是我管得住自己天天运动，却管不住自己的嘴。我为减肥想了很多办法，依然没有彻底减下来。因为吃就是受本能脑控制的啊！我还观察到，像我这样想减肥而没有成功的人比成功的人要多得多。

再比如，很多成年人都想管住自己的手机，我们回想一下，在自己认识和看见的成年人中，能彻底做到手机自律的有几位？无数成年人都管不住手机，我们凭什么要求一个孩子能做到完全自控呢？

从脑科学研究来看，人的自律性、自控力受大脑前额皮质区发育程度的影响，而前额皮质区要发育到 25 岁才基本成熟。

再从发展心理学来看，自控力一般会随着人类年龄的增长而日益增强。孔子说：六十而耳顺，七十而从心所欲，不逾矩。不逾矩，就是随自己的心意做事，但不会违背社会规范和内心规则。

人都是终生走在自律的路上，完全自律的人要么已经成为神，要么是那种目标感强烈到冷酷而凛冽的完美主义者。

根据我多年的观察，各方面极端自律的人往往有一些隐秘的心理疾病。有的方面能自律、有的方面不能完全自律的人才是身心健康的正常人。而当我们理解了自律是怎么回事的时候，耐心会显著增强，恰恰可以做到比较得当的自律。比如，我比较能够理解和谅解自己减肥上的不自律，接受体重可以一直在合适的范围内徘徊，而且我还基本做到了阅读、写作、教育研究、做饭、购物等日常生活管理上的自律。

在家庭教育上，我们之所以为孩子的行为感到焦虑，是因为我们不理解孩子某种行为背后的深层原因。如果能理解到这一点，剩下的就好办了。

再次，我会这么做。看见儿子晚上 12 点多才睡觉，第二天早上起得很晚，我不会在他起床的时候给他脸色看，再叨叨一番：你看你，如果不是昨晚睡那么晚，今天早上也不会起这么迟啊！你前几天是怎么说的？你制订的计划又泡汤了吧。我算看透了，你就是管不住自己……

这样的话通通不能说，否则除了消耗孩子的精神，更会让他心烦，破罐子破摔，没有任何意义。

当然，你可能知道说这些不对，忍住了唠叨。在我看来，忍住唠叨还不够，你要练习消化，在理解底层原理的基础上消化你的情绪。一次不行就两次、三次，次数多了就自然了。

我因为充分理解自律性，所以我对孩子的行为和情绪都是接纳的。孩子熬夜玩游戏了，我会像往常一样给他准备好早餐，等他起床了，用愉快的声音告诉他：儿子，早点都放在厨房里了哈。然后我就该干什么干什么去了。

一般情况下，一个正常的孩子此时听到妈妈毫无芥蒂的声音，一定会心情愉悦，还会略微有点愧疚感，他会吃完饭，然后该干什么干什么去。

在我们家，如果出现类似情况，钱小能会在当天某个时候跟我说：妈妈，我昨天又没控制住自己，睡太晚了。我会说：没事的，儿子，我都 40 多岁了还不能完全控制自己，我像你这么大的时候自控力还不如你呢！人这一辈子就是一个不断自律自省的过程。没关系，你已经做得比前两年好很多了。

如果钱小能没有主动说，我会在当天选一个适当的时候跟他说：儿子，你昨晚玩游戏的时间可以再短一点，这样你就不会因为起床晚而难受自责了。

我敢说，钱小能一定能听进去，之后他也会主动调整自己玩手机的时间。为什么他能听进去？因为我看见了他真实的心。

不仅仅是手机的自控，孩子各方面的自律性都是呈螺旋状发展的。正如我在《唤醒孩子的内驱力》一书中所阐述的：**“尊重孩子，是无条件地接纳孩子的情绪，接纳孩子有些时候的原地踏步，甚至退步和走弯路，允许孩子建立自己的节奏，休整、调节、充电再上路。我想，这才是对一个独立生命最深切的体谅和尊重。”**

担心孩子迷上手机短视频，怎么办

读者来信

梅老师，我父母都60多岁了，每天刷短视频，从不停歇，孩子的妈妈也喜欢刷短视频。我是从来都不刷，手机里卸载了一切与短视频相关的软件，但是好像影响不了他们。孩子现在上初一，在家也开始经常刷短视频了，真担心以后孩子也迷恋上刷短视频，该怎么办呢？

梅老师回复

刷短视频这个事儿我似乎没有多大发言权，因为我自己几乎没刷过。不过，我也偶尔在朋友圈浏览一下，多少了解一点。

我真心实意地觉得，一个有事情做的人，一个内心充实的人，一个认知水平稍稍高一点的人，会刷短视频娱乐一下，但绝不会沉迷其中。

曾经有一段时间我也略微担心过，钱小能会不会沉迷于刷短视频，因为他的手机是自由的。但半年前听见他无意中说了一句："一个整天刷短视频的人，我跟他计较什么！"我才知道他的态度，于是放心了。

钱小能这样的小孩为什么不会沉迷于刷短视频？根本原因是他的认知水平还是比较高一些的，他一定认为总刷短视频，看一些无聊的东西是浪费生命。

那么，短视频是不是洪水猛兽呢？其实也不是。万事都有因有果，短视频有这么多人在看，一定有它存在的理由。

第一，短视频有让人无法抵挡且无法预知的积极反馈。短视频软件后台可根据大数据分析每个人的喜好，然后进行针对性的推送，让人看完一个忍不住想看下一个。不断的意外和惊喜会促使大脑不断分泌“快乐激素”——多巴胺，让人感受到喜悦，且无法克制地想继续浏览。

第二，短视频能带来需要解决却暂未解决的紧张感。大多数短视频仅有短短 15 秒，且搭配了音乐的高潮部分。这意味着每一个短视频必须快速地展示事态发展的重点，且不完整。就是这种“未完成”“还有吗”的期待会撩拨用户的神经，让人想看更多、更长时间。

第三，短视频有马上可以达成的目标。短视频大多简短、轻松，不费工夫就能迅速看完，这本身就非常具有吸引力。对于在现实生活中需要花很长时间才能感受到“完成了一件事”的人来说，这种吸引力尤其大。

尽管如此，对于有一定认知水平和有事做的人来说，短视频的存在问题不大。危害最重的恰恰是孩子，以下是被验证了的沉迷短视频的危害：

第一，沉迷短视频能够改变大脑回路。神经心理学专家研究结果显示：长期依赖诸如短视频一类短时间内就能得到回报的体验或网络娱乐，会改变大脑回路，逐渐使大脑习惯短期体验，而让一些应该慢慢来、奖励不频繁的体验和执行变得困难。

第二，沉迷短视频会转移注意力，导致运动、交往技能下降。沉迷短视频，吞噬的不仅是人们的时间和注意力，而且还有耐力和专注力。比如，许多人越来越难沉下心看一部电影，总是喜欢快进，更难完整地读完一本书。长期刷短视频，还会使大脑对短视频产生特异性的反应增强，而对其他活动反应减弱，如运动技能、人际交往技能的下降。

学习是一件需要持续投入精力的事情，非常考验一个人的韧性和自制力。大脑一旦习惯于短时间得到快乐和回报，那么学习一会儿就会感到厌烦。因此，刷短视频比看电视对孩子的危害更大。

怎么避免孩子沉迷短视频呢？我思考了钱小雅、钱小能以及许多朋友的孩子都不刷短视频的根本原因：有事做，喜欢学习，辨别力强，无聊的时间少。

那么，如何才能让孩子远离短视频的危害呢？

第一，自己不看，尽量也说服家人少看，或者尽量不当着孩子的面刷手机。榜样和示范的强大作用已经被科学证实。脑神经科学研究发现，人类大脑里有一种神奇的神经元——镜像神经元。顾名思义，镜像神经元就像镜子一样，你的言行举止都会映在孩子的大脑里。孩子就是你的一面镜子，他身上一些令你讨厌的习惯、言行，有可能你自己或你的家人也有。

我的经验是，自己远离的东西，孩子沾染上的少，就算是接触，改善也快。

第二，从小开始高质量阅读和持续的户外运动。根据孩子的接受程度，这两项活动越早开始越好，一过 10 岁，无论是阅读，还是把孩子带到大自然中去运动，都会比较难。

好书和美丽的大自然带给青少年的精神滋养对低级趣味有天然的免疫力。人就是这样，看过好的书，就能辨别出坏的文字；听过好听的声音，就会自动过滤烂曲；见过瑰丽的景色，就不愿踏进荒芜之地。

一本好书，哪怕是绘本，都需要人类全身心沉浸，感受那种持续的精神滋养。等孩子长大一点，他就喜欢追求持续沉浸式学习，沉浸式学习的愉悦又给人以精神提升，之后再遇到短视频之类的东西，孩子自然而然会产生免疫力。

孩子的手机自控和内驱力是一致的

读者来信

我儿子今年高二了，感觉他总是很疲沓，生活、学习都没什么精神，没有动力。他放学回到家，手机不离手，凌晨一点多还在刷手机。当时我心里那个火啊，真想……最终还是忍住了，口头警告了他一下。期中考试后，我找他班主任了解情况。老师说孩子不笨，就是有些自暴自弃，跟他讲什么都懂，就是没有实际行动。我感觉耐心都被他消磨光了，不知道该怎么办好。

梅老师回复

很多家长对教育的困惑，其实都困在表面，困在孩子的日常行为上：上课走神，厌恶学习，做作业拖拉，抗拒父母说教，玩手机到深夜……这些现象背后的原因是什么？是学习内驱力弱！一个人做事的动力一旦强大起来，他必然觉得时间不够，他必然要精心规划时间，必然会自律！

内驱力和自律存在上述的逻辑关系，而不是先有自律，后有内驱力。

作为家长，我们该怎么办呢？好的教育都是将心比心的过程，先想想我们自己：我们工作的动力是什么？生活的动力是什么？活着的动力是什么？生养孩子的动力是什么？是不是以下这些：因为被爱，因为相爱，因为被需要，因为有可贵的自由，因为有成就感，因为我们热爱很多东西，因为有太多东西一直等着我们去享受和体验……其实孩子也一样。

美国脑科学家在实验室扫描那些被长久忽视的婴幼儿大脑皮质层，发现它们像老年人一样呈现出退化的状态，生命力日益萎缩，感受不到爱，自恋不能满足——如此可怕！

不要以为你对孩子已经足够好，你为他创造了完美的学习条件，你为他做到极致了，你的孩子一定不缺爱。想想你对孩子的爱是什么样子的，孩子成绩下降的时候你的态度如何？是带着满腔情绪和不满的督促，还是放下执念，贴心贴肺地想办法给予支持？我说过，无条件的爱是孩子学习内驱力的底层逻辑，是画布的底色，是基础的基础。

为什么越来越多的孩子出现心理问题，甚至深度抑郁？因为你认为的爱不是孩子想要的爱！不管在家还是在学校，孩子感受不到一点支持和动力，生无可恋！为什么有的孩子遇到天大的困难，都有战胜它的信心和意志？归根到底一句话：我有足够的力量和智慧，我感觉整个世界都在背后支持我。我们家四口人，钱爸爸、我、钱小雅、钱小能，都有这种感觉——遇到天大的困难，我们都有信心跨越过去！这样的心态和力量比单纯的优异成绩重要得多！

我们家这四个人，有的聪明一点，有的很平凡，每个人在学业、事业中都曾遇到过低谷，甚至不止一次低谷，都在成长的过程中遭遇过情感、情绪的波折。我们身上那种顽强的学习动力、强大的生命内驱力是从何而来的呢？

父母很会爱孩子

譬如我自己，从我一来到世间，父母就自然而然、力所能及地爱护我和支持我，同时我也得到了最大限度的学习自由和空间。等我有了孩子，大城市过度竞争的环境也曾让我一度丢失了纯美甘甜的母爱，可通过不断学习和反思，觉醒后我又找回来了。钱爸爸跟我的成长之路相似，从小被父母当成心头肉，同时也被寄予厚望——个人能力能承受的那种厚望。

我们很相爱，也知道把无微不至的关爱传递给孩子，家里弥漫着自然而亲密的氛围。家里的学习氛围也很浓，每个人都懂得自我觉察，自我反省，理解亲人，自我提升。

当一个人的生命需求被关注、被理解、被满足的时候，彼此的关系一定非常好。家就是一家人聊天、休息、娱乐、赏识、对抗、发泄、爱护、学习、自处的地方，就是一个人学着处理和自己、和社会、和他人、和自然等关系的地方，不是只有学习。前面的那些功能满足了，学习的功能才能实现。

你可能又困惑了：我儿子那么差劲，哪里值得人爱呢？懒，不努力，得过且过，无所事事，随便一个孩子都比他强一万倍。我想说，孩子因你们而来到世间，是你们生命的延续，曾带给你们多少希望和憧憬，这本身就值得爱呀！譬如钱小能，论学习成绩，同龄人里很多孩子都比他强，可即使我心情最坏的时候，也可以看见他身上有很多独特的优势，以及他作为一个人的价值。我想，你若能看到这些，去当着儿子的面承认这些，总能兴致勃勃、全神贯注地跟他对话，欣赏他的与众不同，那不就是爱和支持吗？孩子最受用的就是这些，这些满足了，他自然会去学习。

帮助孩子建立胜任感

一个人想形成强大的内驱力，除了被爱，除了感觉自己是美好的、自己很重要之外，还要有信念的支撑。信念比自信更强烈，可以说是一种执着的自我确信。

一个人怎样才会有信念？首先需要积累一种感受——我能行！有困难我也不怕，无论如何我都能做到！我可以主宰自己的生活和学习（当然在实践中也可能做不到）。一个孩子拖延、懒惰，一再推卸责任，推诿作业，对学习不感兴趣，不是他不自律，是他感到自己可能或根本搞不定学习这件事，或者他认为学习一直都是家长或老师主导的，跟他没有多大的关系，不是他自己的事情。发展心理学把“搞得定”叫作“胜任感”，胜任既是对自己能力的评价，又是一个人从小对自己感受积累的整体性了解和认知。

孩子生下来，“三翻六坐八爬”成功了，这是潜意识里的“搞得定”积累。一两岁时，会搭建高高的积木，会自己穿鞋、穿衣服。上幼儿园了，会独立吃饭，会帮老师干活，会骑脚踏车。上小学了，认识很多字，字写得好，听得懂老师讲课，考试成绩好，跟同学关系好，这些都是胜任感的积累。

胜任感从小积累，随着年龄的增长，就可以长成信念这棵参天大树，之后无论是学习还是做事，孩子都会激情澎湃、动力十足。我想问问，孩子上了初中、高中以后，作为父母，你有多少次有意识地帮助孩子建立这种胜任感呢？又是如何支持和帮助孩子建立胜任感的呢？我在《唤醒孩子的内驱力》第一章说得很清楚，这里不再赘述。

让孩子广泛多元地接受信息

这一点我是从我自己、钱小雅和钱小能身上看出来的。我在学生时代，生活总是家和学校两点一线，很单纯，但我爱读书、爱看剧，不排斥各种新鲜事物，父母也为我多接触事物尽可能提供了条件，我从小喜欢的东西很多。

作为妈妈，我绝对属于开明、开放型的，我给孩子的界限很宽，时间和空间都很自由，只要可以提供，我尽可能让他们尝试。两个孩子除了学习外，都有很多自己喜欢和愿意投入时间的事物，不是心里只有成绩一个维度。孩子可以享受的世界很大，内心是丰富而快乐的，自身成长很快。这是什么？这就是生活热情啊！这就是生命的强大动力。

因此孩子上了初中、高中，你不要恐惧他沉浸在那些看起来与学习无关的事物中，那是一个人感受的积累。你只需要去理解他感兴趣的东西，跟他聊，走近他，欣赏他，才能慢慢引导他。

请记住，**解决问题不是快速消灭问题，而是找到办法或在找办法的路上。**

完全照您的方法做，为什么儿子还是爱玩手机游戏呢

读者来信

梅老师，您好。我儿子上初一，跟您在《唤醒孩子的内驱力》中描述的钱小能一样，也是沉迷手机游戏。我买了您的书，重点看了《当孩子迷上手机游戏》那一篇。我很迷惑的是，为什么您的方法在你们家钱小能身上那么管用，一用到我儿子身上就不灵了呢？问题到底出在什么地方？

梅老师回复

家长，你好。我用“把手机自由还给孩子”的办法，确实彻底解决了手机游戏对钱小能的吸引力。那么，为什么很多家长把这种方法套用在自己孩子身上，就变味了呢？分析过这些孩子、这些家庭的具体情况后，我想谈几个关键点。

你说的话，孩子信吗

首先，也是最重要的一点：你说的话，孩子信吗？

我在《唤醒孩子的内驱力》中原话是这样的：“儿子，妈妈以前错了，以前真的不了解游戏对小孩的意义。现在妈妈知道了……我把玩游戏的权利还给你，你想玩多久就玩多久，但为了自己的眼睛好……”钱小能的反应是：

从第二天起，他就不像往常一样，一起床就把自己每天被允许玩游戏的半小时用掉，而是先到公园找同学打篮球。打完球回来，吃完早饭，然后坐在那儿踏踏实实玩游戏。玩了三四十分钟后，他就不玩了，开始做暑假作业……

你仔细看我说的话和钱小能的反应，这里有个大前提：孩子玩游戏的事情困扰我几个月，历经波折我才明白这件事情的本质。一旦彻底了解，就豁然了，放下了，不再害怕，我可以心甘情愿地把玩游戏的自由还给孩子。有位家长说，我也是这样跟孩子说的。问题是，**同样的事，个人内心的经历不同，放下的程度不同，理解的程度不同，亲子间的信赖程度不同，孩子的反应肯定会不同。**我和钱小能的关系是怎样的呢？当时作为一个 12 岁的孩子，他根据对妈妈的了解，肯定知道妈妈是一个真诚守信的人，说到就会做到。

另外，他从我的眼神、态度、语气、动作中也能感受到妈妈的话到底靠不靠谱。也就是说，他明白了妈妈让他玩游戏是真的让他玩，他得到的是真正的、完全的自由，而非妈妈装装样子给予的临时的、试探性的自由。于是，他就有了那样的反应。那么我当时的心理呢，是不是豁出去听天由命了？不是的，是因为我彻底想明白了：游戏就是游戏，它不是毒品。一个内心丰富、自由舒展的孩子，给他一些时间，他会知道该怎么办。

每个人的主动性都是从自由状态中发展出来的。

给孩子试探性自由还是真正的自由

或许有的家长还会问：不是有一些大学生因为沉迷游戏、耽误学习而毕不了业吗？确实，我也看过这样的新闻。我想说的是，我们得先看看这些孩子在上大学之前的日子是怎么过的，是被管控式地学习，还是有内驱力式地学习？他们的家庭关系如何？孩子的内心除了游戏，还有多少别的寄托？

现在我们回到前面说的大前提，你把自由还给孩子，是想通了之后的心甘情愿，还是用“先给点自由”这种更高明的控制手段来管理孩子呢？其实，孩子心里很清楚。他看透了你的试探性自由之后，绝对不会说出口，而是心里暗乐，然后抓好家长好不容易施舍的自由，赶紧放纵。等他放纵玩了几天游戏后，你一定受不了了，于是赶紧收回自由，一切仍然回到原来的状态，或者亲子关系更差，走向恶性循环。因此，孩子心理没变，家长内心不安定，他是无法安心地回归内心，无法形成自己内在的成长节奏来专心做事和学习的。所以我想问：你看懂孩子了吗？读懂孩子的心了吗？

你如果想通了，给孩子的才是真正的自由。正如心理学者李雪所说："任何一个被长期控制过的孩子，都会失去内心跟自己身体的链接。"得到自由后，孩子会有一段时间"放纵无度"。这段时间，你依然发自内心地爱护他、尊重他、体贴他、引导他，放心，假以时日，他一定会回归一个孩子对待事物的正常状态，回到你期望的路上。

孩子的深度爱好

还有一点必不可少。沉迷游戏时，钱小能还有几个其他深度爱好，譬如踢球、看书、唱歌等。所谓深度爱好，就是这些爱好对他的吸引力不是临时的、表面化的，而是已经成了他的生活习惯，对他构成一种长久的吸引力。当游戏这个新事物到来时，他只是暂时把它们放一边而已。一旦游戏也成为它们之中的一部分，父母不再对此排斥与控制，那玩游戏不就是平常事，而非"洪水猛兽"了吗？

因此，我常常跟家长说，要跟那些喜欢讲具体育儿方法的书籍和文章保持一定距离，因为人家再好的方法都是针对具体孩子的，而每个孩子的成长背景都不同。家长如果懒得动脑筋，学到那些"方法"之后往自己孩子身上一套，发现不合适就扔到一边，再去寻找另外的"方法"……那最后不是一无所得吗？

看见一种好的教育方法，我们得思考方法背后蕴含的道理，明白方法背后的逻辑关系，然后逐步培养和形成自己的教育观，帮助自己在个性化的场景中，找到符合实际的有效办法。这才是聪明家长所为。

少说话，多想办法，温厚比规则更重要

读者来信

梅老师，您好！我是孩子的爸爸，儿子今年初一，目前学习上存在的问题主要是上课注意力不集中，经常分神，做作业时很多简单的题目也做错。孩子学习成绩中等，现在语文、数学、英语都是一对一补习，但感觉效果一般，总结原因就是孩子的注意力和接受程度不行，老师讲的知识，他真正听进去的不多。

作为家长，我们存在的问题是耐心不够，经常着急上火，每次辅导之后都会发火。孩子的历史、地理、科学等作业经常不交，需要班主任督促。主科可能还做些笔记，副科经常是光听不写。我们也想了很多办法，包括鼓励、惩罚等，但他依然我行我素。

学习之余，孩子爱踢球和打游戏。平时我们规定，周一到周五不玩游戏，周末可以玩半小时到一小时的游戏。他有时会见缝插针地玩游戏，或者去奶奶家，叫奶奶拿手机给他玩。我发现后，说你这两天（不是周末）已经玩了一个半小时游戏，怎么办？惩罚你未来三周不能玩游戏。如果再发生这种情况，就整个假期不能玩游戏。以前因为手机管理的问题，骂过、打过不知多少次了。

另外，早上我们叫他起床，每次都要叫好几声，可能他的确需要较长时间的睡眠，我们后面都要大声喊：“还不起来，还不起来，要迟到了。”

现在我们说他，他还能听进去一点，偶尔会反驳一下，总体来说还算听话。最主要的问题是感觉孩子学习很被动，学习内驱力不足，不知道学习的目标是什么。

梅老师回复

这位爸爸，你好！综合你说的这些情况，在以下三点上，你真的需要下大功夫了，不然的话，孩子将来可能会叛逆，可能会很皮，更不好管，你的脾气也会更大，形成恶性循环。

管住嘴，不要多说

作为爸爸，你唠叨得有点多了，孩子目前之所以还没有反抗，是因为他是个性格平和的孩子，换作其他性格倔强的孩子，可能你已经无法驾驭他。无论多好、多有用的话，只要你多说，不管听者是谁，都会厌倦的。一旦厌倦，必然没有效果，还不如不说。例如，喊孩子起床，你要看好时间，最多喊一遍。孩子还不起床怎么办？“还不起床”这样的话就不要喊了，而是走到孩子的房间，把衣服放在他手里，告诉他：儿子，爸爸知道你想多睡，我小时候也是这样，但一坐起来穿上一件衣服就不那么难受了。然后你温和地站在床边，开着玩笑把他托起来，学会体贴孩子的心，少说，帮助他完成该做的事。

其他事情同样要少说，哪怕任凭孩子拖着不干，也不要多说。同时多想办法让他干，而不是靠唠叨让他干。

不要再对孩子使用暴力

上了初一的孩子，无论他做错什么，家长都不要试图以暴力方式来教育他。不管多乖的孩子，打得多了，他不仅会反抗你，更会记恨你，你的管教将起不到任何作用。如果感觉忍不住要发火，你可以出去散步或做点别的事情，消化一下自己的情绪。教育孩子，爸爸和妈妈一样需要提升自己的认知，修炼自己，跟孩子一起成长。

努力帮助孩子做好手机管理

实际上并没有一种策略或办法适合所有的孩子。根据你的叙述，孩子目前没有独立拥有手机，那正好多想办法用手机激励他一下。所谓用手机激励孩子，一方面是大人要说话算数，另一方面是使用时间上不要卡得那么死，要有弹性。卡死时间看起来是在培养孩子的时间观念和诚信意识，实际上是违背人性的。孩子办不到，大人开始惩罚，惩罚过后他仍然做不到，彼此消耗，却起不到作用。

你说：“他有时会见缝插针地玩游戏，或者去奶奶家，叫奶奶拿手机给他玩。”对一个孩子来说，这些表现都非常正常。要理解孩子，不要生气，不要认为这不可思议。

你说：“你这两天（不是周末）已经玩了一个半小时游戏，怎么办？惩罚你未来三周不能玩游戏。如果再发生这种情况，就整个假期不能玩游戏。”这样的惩罚是没用的。可以定一个比较有弹性的规则，这样有利于孩子不频繁违反规则，因为频繁违反规则的人会变得无视规则。就算他违反了也不要大惊小怪，你越是不断重复他违反规则，他越是不在意规则。还有，我们需要给孩子长大的时间。

高三的儿子玩游戏到凌晨两点，结果第二天……

读者来信

梅老师您好！给您分享一下我家最近发生的事儿。

我儿子现在高三，平时成绩总是中等偏下，好像跟你们家钱小能差不多。我们平时一焦虑就管得紧，一看您的文章心境就可以平和几天。

因为我们在家经常讨论您的育儿理念，后来和孩子之间一产生矛盾，我儿子就让我们立刻去学习您的文章和书。呵呵，我们都有些习惯了。

这学期，我儿子成绩退步了 52 名，看来考一本的目标有点儿悬了。我们又紧张起来，眼看着高考的时间越来越近，想催着他赶紧多学一学，又怕他心烦而适得其反。我们整天忐忑不安。

疫情期间，孩子开始在家上网课，我们也居家了。最近几天，我们发现成绩退步不仅没有唤起儿子的学习紧迫感，他还有点破罐子破摔的意思。昨天他妈妈数次借送水果的机会到儿子房间去，发现他开着电脑却没听课，一直在玩足球游戏。下午他妈妈忍不住说了几句，他就反锁了自己房间的门，谁都不让进了。

到晚上 11 点多，我起床上厕所，发现儿子房间的门虚掩着，我就朝门缝里看了看，发现他还坐在床头玩游戏。我感觉头顶在冒火，要气炸了，真想冲进去给他一顿教训，可觉得已半夜了，怕吵了邻居，就说："该睡了，明天还要上课呢。"儿子不耐烦地说知道了。

我回到房间，他妈妈也醒了。我跟她一说儿子的情况，她也受不了，立刻下床，到儿子房间一顿数落，催他睡觉。然后就听见儿子说："你们俩还有完没完？本来我就要睡了，你们俩这一催，我还精神了，不睡了，今天玩个通宵算了。"紧接着，就听见他又反锁了自己的房间门。

他妈妈脸色蜡黄地回到房间，躺下来闭着眼睛，额头上的眉毛乱颤，眼看要气疯了。我也受不了，睡不着，抓起一本书到客厅看书去了（跟您学的），要不然我们俩这暴脾气，说不定还会发生多大的乱子。

奇怪的是，我看着书看着书，越来越清醒了，感觉我们俩这样做很不对劲。这样下去，一家人互相拱火，都越来越暴躁，儿子好不了，我们更好不了，肯定会出大问题。

我忽然想起您文章中的一句话：孩子玩个游戏能死吗？结论是死不了！再说，儿子不就是退步了52名吗？这多大点事，就算最后一名又能怎样？考不上一本又能怎样？只要孩子身心健康，将来干什么都可以。儿子是我们的，家是自己的，我们自己不好好建设家庭，还故意搞破坏，传递焦虑，这不是在自我毁灭吗？

我忽然明白您的育儿智慧在什么地方了。就这样一想，心稍稍往后面一退，面前立刻闪现出一片广阔无边的天地来。想到这里，我忽然平静了，感觉一切都不是事，心里豁亮，一种特别祥和的气氛弥漫在我们家的每个角落。

这是我那一刻的真实感受。

回卧室路过儿子的房间，看到他房间还亮着灯，我没有一点焦虑了。然后我急着去安慰我爱人，她居然睡着了，心真大。心情一平静，我也很快睡着了。

第二天早晨，我起床后做好一家三口的早餐，很丰盛。我和我爱人先吃了，没叫醒儿子，想着他昨晚一定睡得很晚。

一直到上午10点钟，才看见儿子房间的门开了，他好像做贼一样溜进卫生间洗漱。我像往常一样喊他吃早饭，告诉他我今天做了啥，给他留锅里了。儿子答应了一声，却不像平常那样理直气壮。孩子妈妈也很给力，跟我配合默契，一句抱怨的话也没说。

他吃完早饭，自己洗了碗，就进房间了。到了11点钟，孩子妈妈眉开眼笑地悄悄跟我说，还是你厉害，我刚给儿子去送水果，他正在做题呢，学得特别带劲儿。

梅老师，我看您的书和公众号文章，跟您学育儿理念已经两年了，整个过程可以说历尽艰辛，这次应该是做对了，而且有一通百通的意思，心里有一种说不出来的痛快，能量大涨。

特意跟您分享一下，想让您帮忙做一个评价。

梅老师回复

这位爸爸，看完你分享的事情经过，我别提多开心了，简直心花怒放。你平时注重对家庭教育的学习和反思，就比较容易觉悟。

教育好孩子，说容易呢，确实在某个瞬间可以一通百通，前提是这几个关键词——**理解、尊重、将心比心、耐心等待，毫无拧巴地把这些真正践行**

到位，真正看见孩子的需求。说难呢，就是家长如果考虑问题总是从自己的角度出发，看不到、听不见孩子内心的需求和声音，教育就很难破冰。

你这次的亮点就是先自己想通，放下游戏，正确评价这个事情，让自己平静下来，再洞察孩子的需求，即青春期孩子希望父母关爱他，又不强迫和唠叨他。当孩子体会到家庭那种安静平和的气场，真实的自我就显露了，他可以身心放松，做好自己。

我认为，作为父母，你只要还想得起自己做孩子时希望父母怎样对待自己，人人都可以成为育儿专家。

回到今天你分享的事儿，我告诉你，别看距离高考没有多少天了，你在这个节骨眼上的通透和觉醒所产生的力量一定会辐射给孩子，这是一种无形的、巨大的助力。就算孩子考不上一本，他也会成为身心健康、积极向上的年轻人，社会会向他敞开怀抱的。

第六章

发展自己，做好自己，摆脱焦虑

为什么全职管孩子的学习，孩子却更厌学了

读者来信

我儿子今年上六年级，为了让他能考上一个好中学，我辞职当了全职妈妈。辞职之前我就做好了周密计划，加了各种群，语文怎么学，数学怎么练，英语怎么背，我都替他规划好了。如果按照我的计划来，考个好学校不在话下，而且孩子爸爸也很认可我的计划。

一开始，儿子听到我的计划也两眼放光，不住点头，可是才学了两周，他就不干了，开始怠工、磨蹭，各种拖延。现在我一说话，他就捂耳朵……可是我并非没给他预留玩的时间，只要完成任务，每天可以玩两小时，为啥他就做不到呢……

我感觉孩子不够理性，一点都不能理解现在的学习和未来前途的关系……梅老师，我现在在思考，当全职妈妈管孩子是个错误决定吗？

梅老师回复

看到你的来信，我只想说一句：妈妈用心可悯！可是，你是在把孩子当成一个有血有肉、有自我精神内核的人对待，还是把他当成一根木材，信心满满地去雕琢？

我先和大家讲一个故事吧。

某天很晚了，好友柳柳给我微信留言，说学校要求家长给孩子的作文合集写个序，让我帮她改改。她的序是这样写的：

亲爱的儿子：

妈妈怎么也没有想到，有一天我会为你的书来写序。这是你人生中写的第一本书，也是妈妈人生中写的第一篇序。写些什么呢？其实我也不清楚……只知道在打开电脑、开始敲字的时候，我想要把最好的东西写进去。那么，什么才是最好的东西呢？我想，真实地写出来就是最好的吧。

妈妈虽然还没有欣赏到你这本书最终是什么样子，但是大概知道它是一本文集，一本你这两年来所有作文的合集。这一下子让我想到了你最初写作文时的情景：短短几句话，你要写很久很久。你本来表达能力就弱，体现在作文上更是不知如何下笔。往往只是一个作文的开头，你都要发愁好久。坐在一旁的妈妈总是忍不住提醒你，接着再提醒你，有时候也会和你一起翻看作文书，找范文来模仿。就这样，每周三的作文练习，几乎成了你和妈妈一起完成的作业。因此，这本书里不仅记录了你写的人、写的事、写的景、写的动物，也记录了妈妈陪伴你的时光。我想，它应该是很美好的，对吧？

不知从什么时候起，你开始自己写作文了，你会借助电脑，借助语音，借助作文书……不管借助什么工具，你总能独立完成一篇作文。虽然字写得很难看，内容也不尽如人意，但是你能够独立去完成，妈妈已经很开心了。因此，这本书里不仅记录了你写的人、写的事、写的景、写的动物，更记录了你写作的成长历程。一点一滴都非常珍贵地藏在这本书里，藏在字里行间。你要好好珍惜！

儿子，你知道妈妈一直希望你养成阅读的习惯，同时希望你能有喜欢写点东西的习惯。这样，将来无论你走到哪里，无论你做什么工作，无论你遇到什么事情，都能在有情绪的时候，用写作来表达自己，疏通情绪。妈妈希望你能笔耕不辍，坚持下去。倘若有一天，你又出书了，妈妈希望还可以再为你的书写上一篇序！

祝福你，儿子！

爱你的妈妈

柳柳对我说：梅姐，你知道吧，虎子的这些作文有一半都是我陪着他磨啊磨，磨出来的。一开始他不会写，着急哭过；我看他不会写，着急吼过。你可以脑补一下那个画面，我其实一想到要给他的这本作文集写个序，心里就酸酸的。

看到柳柳的话，我心里秒懂！从虎子上小学以来，当着柳柳的面我总是给她打气，给她出主意。但暗地里，我也在心里说了无数遍：唉！你咋生了一个这么笨的小孩呀！他根本不是学习的料嘛！每次跟柳柳见面，听她诉说满肚子的苦恼和无奈，我都恨不得再长出一颗心来安慰她。

半年前，有一次柳柳开车过来给我送个东西，车里的虎子跟我打招呼，吓我一跳，孩子就像变了一个人，自然挺胸，精神舒展，大大方方，眼神令人愉悦。两三年没见过虎子了，小时候那个缩头缩脑、毫无自信的孩子啥时候变成这样了？

一到家，我就迫不及待地夸奖虎子，肯定柳柳。我主要说的是孩子的精神状态好！过些天，柳柳到我家来，很开心地告诉我，这段时间孩子学习大有进步，几门功课的成绩都跟上来了，他也自信多了。她说虎子也开心地把成绩告诉爷爷奶奶，爷爷奶奶打电话来特意夸奖妈妈。

我了解孩子，也了解柳柳，说你这个妈妈真值得夸一夸啊，说说你是怎么让虎子变成目前这么好的。柳柳沉思了一会儿告诉我，有一个特别明显的做法是：我不盯着他了，不对他的学习如临大敌了，把所有的期待都降低了。我自己在忙自己的事情，并开始上班了。

我问是什么契机让她觉醒和改变的。她说：“之前，虎子一放学，我的全部神经都开始紧张起来，几乎所有精力都放在了他身上。一推开他的门，看见他在抠指甲；一推开他的门，看见他在愣神；一推开他的门，看见他在看手机……我有时会说他，有时叹一声气。有一天，虎子特别认真又有点哀求地跟我说：‘妈妈，你能不能别老来我房间了，你少管我一点好不好，我很烦你这样！’我看他表情很认真，很当回事，就想，我肯定自己有什么地方做得不对了。孩子就算学不会，也不喜欢父母这样管自己，后来我就慢慢少干预他了。”

她说：“哎呀，梅姐姐，管住自己少干预孩子，我可费了好大的力气，你说我咋这么笨呢！”

柳柳不断地熬，不断地反思，不断地调整，不断地动脑筋，把所有的办法都想尽了、用遍了，经常无奈到默默流泪，恨铁不成钢般大吼……日复一日，年复一年，就像磨一根铁钉一样。原来那个学习上的笨小孩虽然还没有变得很聪明，可他真的慢慢开窍了，原来语文、数学、英语总是考五六十分，现在都可以考到 90 多分了。最主要的，孩子的精神也慢慢地好起来了。

这就是妈妈真正的觉醒！好的家庭教育就是不急不躁，把光一点点照进孩子心里。

因此，不管你是全职还是在职，这不重要，重要的是你努力把你的“教育”变成“不教育”，把你的“行动”化为无形的看不见的生活，自然又自如。教育要靠家长的智慧和认知水平，否则你使尽洪荒之力，反而可能把孩子带偏了方向。

一个10年全职妈妈的建议

读者来信

梅姐姐，我儿子马上要小升初了，学习上压力大了很多，同时还要做各种课外的准备，考一些必要的证书，现在大人、孩子都有些紧张和疲惫。我在纠结要不要做全职妈妈来陪伴、辅导他。各种权衡之后，还是摇摆不定，您能给我一些建议吗？

梅老师回复

算下来，从钱小能上一年级开始，我断然放弃冉冉上升的专业杂志记者、编辑的职业前景，转而做全职妈妈已经10年了。这10年之中我有很多次痛苦迷茫过，但真没有后悔过。现在回头想想，我如果当初就考虑清楚那关键的一点，应该比现在更好。

不要把妈妈这个身份当成职业

那么，关键的一点是什么呢？

那就是不要把妈妈这个身份当成一种职业——为当一个完美妈妈而活，把孩子作为生命中的唯一寄托，而是在先生有足够能力支撑家里的经济基础时，寻找并发现你想做又擅长的事，把它当成你的工作和事业。

如今这个时代，大家都说全职妈妈是一个高危职业，是有一定道理的。只有经历过才知道，全职妈妈很容易把“培养孩子成功（上名校，出人头地）”当成自己的毕生抱负。我们看报道也会发现，那些家庭悲剧中，妈妈很少是因为家庭矛盾，大部分是因为自己狂热的控制欲和焦虑的心态，使自己对孩子用力过猛、跟孩子紧密捆绑，最后导致孩子厌学、休学，感觉前途无望，终于承受不住巨大压力才走到轻生那一步的。

一个全职妈妈如果把一生全部的寄托都放在孩子身上，那么孩子的学校就是她的学校，孩子的作业就成了她的作业，孩子的成绩就成了她的成绩。自己则从一个单纯的妈妈，变成了背负老师、学校、爱人、教育系统压力的载体。想想这样的妈妈该有多累啊！孩子更累！

不做完美的“提拉米苏蛋糕”

妈妈的质地应该是一枚松脆可口、馨香宜人的桃酥，我们不知不觉想把自己变成一块精美绝伦的提拉米苏蛋糕，想想那有多可怕。

和大家一样，刚开始的两年，我的目标也是要做完美的提拉米苏蛋糕。等我想通了这件事情以后，我就把自己从“我的职业是妈妈”这一身份里解放出来——我首要的身份是我自己，我有我自己的追求，“妈妈”只不过是一个天然的身份，我履行好一个妈妈的基本义务就行，谁也不能对我有过高的额外要求。

因此，当钱爸爸看见孩子成绩起伏，企图埋怨我时，我理直气壮地告诉他：“作为一个妈妈，我的任务跟你一样，就是保证孩子吃饱穿暖，保障后勤供应，安慰他们，鼓励他们，疼爱他们。我没有保证他们学习成绩一直好的义务。我有我自己的事情。”

如果他接着问：“你有你自己的事情，那你的事业走到哪一步了？”

那我就说：“至于我自己的追求，我正在努力，不需要你超越权限来替我操心。”

近年来我致力研究孩子的内驱力，其实内驱力的重要性也适用于成年人。一个人一生需要寻觅自我，发现自我，找到自己喜欢并擅长的东西，然后动力饱满，持续学习，不计辛苦劳顿地把事情做到极致，使自己的能力达到顶峰，进而实现自我价值。

一个自我成就的妈妈人格完善，视野广阔，内心强大，立足于家庭，融合于社会。她是平和的、自信的、放松的、可亲的、舒畅的、自由的，会焕发出生命本身的光彩。同时，这个内心非常自足的妈妈也会更尊重孩子的自由和空间，更尊重孩子的个性特点与自我发展。

事实上，**没有哪个孩子不喜欢自己的妈妈散发出光彩照人的力量，实现自我价值的妈妈也确实可以得到孩子的敬佩与认可，这对孩子将是一种正向的辐射，一种榜样的力量，一种最好的外驱力。**

孩子，你且往后退一步试试

读者来信

昨晚，女儿从寄宿学校回到家向我倾诉：妈妈，我这次回来就是想和你谈谈，我压力太大了，学习成绩总上不去。问同学学习问题，他们只告诉我一半。我太笨了，是吧？然后，孩子哭得一塌糊涂。

作为一个妈妈，我特别心疼孩子，却几乎没有办法回答她。其实我一直在控制着泪水，一夜未眠，我该怎样帮帮孩子？

梅老师回复

您好！有一个被我偷偷称为“撒手锏”或“压箱底”的存货，针对的是本身就具备很强学习内驱力的孩子。这个方法是我自己当年在高三下半年悟出来的，后来也把它用于高考以后的人生中。

这些年，我把这个心得告诉过钱小雅和钱小能，还有我侄儿。钱小雅和我侄儿是领会了，钱小能还在懵懂之中。

这个心得就是：孩子，你且往后退一步。这个“退”里面包含四点：

第一，从目前的状态中闪身，站开一点。具体来说，第一步就是从目前束缚得无法自拔的题山题海里跳出来，抽出时间俯视要面对的各个学科，对着课本目录，一科一科地梳理，对基本的目录框架了然于心，做到心里有丘壑，脑中有全局。同时，把薄弱点和相关思考分门别类地记在笔记本上。这样一来，你就会从凌乱无序中解放出来，对学习的对象有个清晰的认知。第二步，在以后的学习和复习过程中，每解决一个问题就画掉一个，这无疑可以天天给自己带来成就感。这两个步骤一直循环往复下去，并补充完备。

第二，学会调整自己的心态。如果心是浮躁的，学习会处在一种虚假和浅表的状态中，花再多时间也效果一般，因此，得学会让心沉下来。沉下来之后，才能真正看见心里的目标，无论一时的成绩是退还是进，都不再惶恐，也不会总盯着别人对比，一天一天地夯实自己，向着目标靠近。至于怎么做才能让心沉下来，我只能遗憾地说：需要自己摸索适合自己的方式。

第三，体育锻炼和睡眠永远比学习更重要。大量的理论和实践都已经证明，大脑在这两项活动中可以得到非常良好的洗礼和重塑。因此，要调整自己，就一定要保障体育锻炼和睡眠时间。

第四，每天找个专门的时间，放空自己的大脑，让大脑和心自由呼吸一会儿。我那时候放空自己的办法是冥想和看小说。冥想就是把头枕在课桌上，眼睛望着窗外畅想。晚自习时，我累了就看小说。有同学笑我，我就开玩笑：“反正我再学也追不上你们，索性破罐子破摔了呀。”超越别人得到的只是短暂的快乐，超越自己才能让你拥有发自内心的长久的喜悦。

以上四点看似是退一步，其实是获得了无比可贵的主动性。

那我们父母要怎么做呢?

近几年，我是这样做的：**退一步，跟孩子保持一定距离；同时，把自己眼前的和长远的事儿尽力做好。**原因在于：只有跟孩子保持适当距离，才不至于让他感受到你的压迫，使他可以获得有节制的自由，从而放松心态，轻装上阵。而父母把自己的事情做好了，心情自然舒畅，也会更加自信。自信的人心胸自然开阔，看待事物都与以往不同。要明白，只有当一切力量和能力都得到运用的时候，心灵才能保持宁静，生活才能纳入秩序之中。

成长过程中，钱小雅和钱小能也会不断遇到各种问题，近两年我和他爸很少对他们发火，因为我俩都把各自的事儿做得让自己比较满意，有较高的自我价值感，几乎每次都可以用轻松、自然、和悦、振作的态度帮他们出主意、想办法，也不提太高的要求，他们在不知不觉中往前走。

钱小能并不是一个学习拔尖的小孩，他的成绩忽好忽坏。如果哪次考差了，不等我安慰他、给他鼓劲儿，他就会很坚定地告诉我：妈妈，你别担心，我一定可以学好！他认为自己有力量可以赢得最终的胜利，我也相信他。这种正向、积极、乐观的影响，其实不只是简单地作用于孩子的学习，也作用于他的一生。反过来，如果父母自己的事儿做得一塌糊涂，在孩子沮丧、自卑、失败时，父母就更为糟心，瞬间崩溃，亲子大战一触即发。这是很多家庭教育的症结所在，简直是一部血泪史。

还有一点必须强调，不是说你看了这些话就恍然大悟，孩子的情况就会有立竿见影的彻底改观。我们需要持续给孩子一束光，不断照耀他前行的路。在父母的影响下，孩子会一点一点地觉悟，一天一天地微调，不断进行自我纠正……量变引起质变，只有到了一个点，他才会顿悟，就像一种生命的觉醒，一种精神的苏醒，一切都会好的！

孩子，勇敢做你真正喜欢的事情，过你想要的人生

读者来信

梅老师，您好。我父母是北大毕业的，从我记事起，他们的工作就很忙，几乎都是外公、外婆管我。父母不管我，我不抱怨，但他们跟我要成绩。如果考得差一点，他们就像天塌下来似的，认为不可思议；如果连续几次考得差，他们就如临大敌，非常严肃冷硬地找我谈话，感觉我只是他们的下属。

我一直很努力，也很自律，终于被哥伦比亚大学录取，总算对父母有所交代了。上了美国名校，很多人会觉得无比荣耀，其实新鲜劲儿过去后，我感觉非常寂寞、苦闷、无力，丝毫不像中学时那样得心应手，我也不适应这里的节奏。

我现在大三，很想本科毕业后回国做教育（我对教育很有感觉，也喜欢），不想再往下读了。可是，我一直没有勇气跟父母说，很多时候话到嘴边，又咽回去了。

有时回国休假，跟长辈以及他们的孩子一起吃饭，我天然成为那些孩子的榜样。叔叔、阿姨问起我将来的打算，我父母不等我说话，就说我读完本科肯定会接着读硕士、博士，然后他们一脸的光彩，从不问我想干什么，我愿不愿意。

我想本科毕业回国的事，一旦跟他们说了，我可以想象他们的

震惊程度。这对他们来说一定是个沉重打击，他们一定会天天给我发邮件，长篇累牍阐述继续读书的种种好处，想想就害怕。有时候我想，唉，不跟他们说了，干脆听从他们的意愿吧。但我心里一万个不情愿，就像有千万条虫子在啃噬着我，特别苦恼。您怎么看呢？

梅老师回复

孩子，真是太巧了，看见你这封信的时候，我刚刚读完一本书，是一位哈佛大学法学院终身教授的传记，看得我心潮澎湃，激动不已。哪怕在外人看来，她的人生光彩照人、极其成功，但她内心深处，竟然始终有一种深深的无法自拔的遗憾——因为父母的强力干预，她未能把自己热爱的舞蹈坚持到底，就像一根美丽的蜡烛不能持续燃烧，只能尴尬地被遗落在一个无人问津的角落。这使得我对教育和青少年的成长有了更深、更明确的思考。

看完你的来信，我认为你是一位明事理、有担待的姑娘，但我也要为你的父母说句话。我们 70 后这一代人虽然总体受到良好的教育，但很多人依然不能完全理解对孩子真正的爱到底是什么。我们以为，为孩子作长远规划就是深爱了，忘记孩子自身是一个独立的个体，忘记孩子是有独特灵魂的人。我们对孩子的爱有时也不那么纯粹，还夹杂着一些说不出口的虚荣（譬如说，让孩子读名校，自己很有面子），这是我们自身的局限和社会的局限。不过，这一点其实是可以超越的。

值得表扬的是，你知道自己下一步想怎么走，自己对工作、前途和事业有明确的分辨力和判断力，这很难得。要知道，很多年轻人都没有自己的独立思考和长远打算，而是随波逐流。有自己喜欢和热爱的东西，对一个人是无比重要的。喜欢的事情不管是某种思想、事业，还是爱好或创意，都是你宝贵的自我意识的一部分。

你应该追求自己的爱好，而不是父母或某个权威人士给你预设的轨道。如果我们这些教育者不能为你打开通向种种可能性的自由之门，那我们的教育又有多大的意义呢？我不是人生导师，无法给你一个完美的建议，只是一种感想而已。那就是：**用心聆听自己，重视内心的反馈**。如果某件事情能让你兴奋，能带给你真正的快乐，那你马上去做，全身心投入其中。这辈子，这种喜欢都会带着内在的光明，照亮你的心灵。

在你这样的年龄，是时候挣脱父母的束缚了。你需要表达自己的意见，采取自己的行动，证明你是一个独立的人，证明你不是按照他们的设计而活，你要活成你自己。你可能觉得现在在经济上要依赖他们，但你可以辛苦一点，减少对他们的依赖。任何宝贵的东西，譬如自由，都是需要付出代价的，这个代价也是值得的。你勇敢地表达自己的想法之后，他们一开始可能会感到惊讶，感觉多年的权威受到了挑战，没想过自己的女儿还会有自己的声音，有些受不了。我想这对他们也是一次极好的教育。

相信我，他们最终会接受你的想法和行动。孩子，你努力挣脱他们，成为你自己，成就一个人最为宝贵的自我同一性，这是一次关键的成长！否则，你一边按照父母设计的轨道生活，一边梦想着自己想要的生活，你的外在和内在将会非常割裂。而且，这个没有内在感受的被规划将会消耗你的能量，让你没法产生由内而外的热情和创造力，你的内驱力也会被耗尽。久而久之，那一定是人生的大悲剧。

记得去年，我看到过两个在美国受过良好教育、过着所谓精英生活的 30 岁左右人士自杀的新闻，他们名校毕业，履历光鲜，有较高的社会地位。可实际上，他们一直无法面对也不敢面对自己的内心，找不到自我，最终精神无以为继，过度沮丧，走上自我了结之路。这样的悲剧对他们的父母将是怎样的打击，令人不寒而栗。你有自己的想法，有自己想过的生活，对你的父母来说是好事，他们想通以后，一定会为你骄傲的。

人在一定的阶段必须做出决定，游移不定只会带来更深的痛苦，事情不会有任何有益的进展。孩子，是时候用真理构建你的思想了，驱散萦绕在你周围的迷雾，一边思索，一边积累，一边行动。万事开头难，一旦迈出来，回头一看，也并不那么可怕。因此，勇敢地去追随自己的心灵和直觉吧！

想要高度自律，请先原谅自己的不自律

读者来信

梅老师，您好！我是一个高一孩子的妈妈。在女儿三岁时和前夫离婚，多年来我一个人带着孩子生活。我是一个高度自律的人，带着孩子一边工作，一边不断学习，读研究生，考公务员，考各种证……可以说，这些年我没浪费过一分钟，一直在努力拼搏，让我和孩子生活更好一点。

让我疑惑的是，我这么自律的一个人，生活上都是辛苦自己，满足孩子，甚至为了孩子，有几次再婚的机会我都放弃了。我做了那么多，都快累瘫了，可我的孩子依然不自律，得过且过，学习没劲头，成绩中等偏下。我的自律和自强为什么没能给她起到榜样的示范作用呢？教育孩子怎么这么难，我该怎么办呢？

梅老师回复

你好！你这个问题实际上是在说：你看，孩子真没良心，对不住我的付出啊！

其实孩子不是不自律，而是缺乏学习和生活的动力。自律可分为低度自律、中度自律、高度自律。高度自律是指全方位地管理好自己的时间和要做的事情。

以前，我自己高度自律的时候，很鄙视自律性差的人。现在我改变了这个想法，因为我发现自己也不是全然自律。我有时候很自律，有时候很不自律。每天傍晚时分，我站在阳台上，眺望着夕阳的余晖，我在想，我这一天想做的、该做的事又没有做好，开小差、追剧、胡吃海塞、偷懒、逛街……大把的时光都被我不知不觉浪费了。晚上熄灯之后我在想，有的事我一再拖延，效率太低了！而有些事，我本来可以做得更好、更漂亮的啊！

这时候，你一定觉得我会把自己臭骂一顿，然后第二天撸起袖子加油干。不是的，我丝毫没有骂自己，我觉得我的不自律可以谅解。一开始我对自己说：梅拾璎是一个普通人，又不是圣人，不自律是很正常的。现在，我连这样的心理安慰都不需要，甚至都没有自律或不自律的概念了。重要的是，第二天，我真的会撸起袖子加油干！

我认为，如果真把自己天天管理得天衣无缝、滴水不漏、效率奇高，也就是高度的全然自律，反而很不正常。这是另外一个人，或者是一尊神，根本不是我！我不喜欢这样的人，我觉得这样的人没有多少人情味儿。

本我、自我、超我

弗洛伊德认为人的意识由三部分组成：本我、自我、超我。本我是先天的本能、欲望所组成的能量系统，包括各种生理需要，表现为懒惰、得过且过、闲散、躺平、发怒等，它遵循享乐原则。超我是由社会规范、伦理道德、价值观念内化而来，追求完善的境界，遵循公理与道义原则。自我位于人格结构的中间层，它一方面调节着本我，一方面又受制于超我，遵循现实原则。自律无疑属于超我的范畴，它经常告诉我：自律吧，你将会取得更辉煌的成就。闲散和享乐则告诉我，这样过日子多舒服。奇妙的是，我每次原谅自己的享乐之后，不仅没有彻底地滑向无限享乐的深渊，相反，第二天又可以兴致勃勃地去做自己该做的事。

于是我知道了，一个凡人，欲望和享乐是生命的火焰，是创造力的基础，是一个人的精神生产力。如果没有欲望，没有享乐，也就没有了生命活力。自律是自我实现的高级范畴，是上层建筑，是反射生命状态的优美映象。

原谅自己的不自律

如果不能原谅自己的不自律，那么自律也绝不会长久！一根被持续拉长的皮筋一定会被拉断；一个持续高自律，不给自己片刻空闲的人也会发疯。人如果不自律很可能会失去很多东西，而高度、持久的自律则可能会缺乏人性。

我们的孩子正处在超我和社会化低级发展阶段，他们的不自律更需要被宽宥，被接纳，因为绝大多数孩子的超我极其贫弱。我以前看见钱小能贪玩、拖拉、享乐，经常会有恨铁不成钢的感觉，现在我认为我的孩子很正常。我以前看见钱小雅高度自律会很骄傲，现在看见她偶尔享乐会更加开心，因为我发现孩子的内心在走向和谐。

钱小能在为自己做得差而悔恨的时候，我告诉他："今天做不好就不好，原谅自己吧，儿子，明天我们好好做！人就是不断努力、持续完善的过程。妈妈今天也没管住自己，我相信我明天一定会好好干，要比今天做得漂亮。别害怕，有错误，我们才会变得更好！"事实上，孩子虽然看起来不完美，身心却越来越和谐，越来越懂得和自己、和别人相处，这才是为人父母的真正骄傲！那些生活刻板、不苟言笑、毫无嗜好的人，他们难以学习到真正的自律。

因此，**要想高度自律，先放下自己，原谅自己的不自律吧！对孩子也是一样。**

一个人只要欲望还在，热情就还在，不断积累人生经验，持续自省和更新，一定会越来越进步，越来越自信，越来越自尊，越来越爱自己。这时候，让他不自律、不行动，反而会非常困难！